痛苦之源，也是成功之門

欲望心理學

Desire Psychology

李少聰 著

前言　欲望與克制

網路上曾流傳一篇文章〈放縱欲望，正在毀滅這一代年輕人〉。對浮華物質生活的追逐、對感官刺激的渴求、對金錢名利的欲罷不能等，正慢慢摧毀我們的意志力和戰鬥力。

德國科學家霍夫曼為了證明「人有欲望是正常的」，至少做了一萬次實驗。**叔本華亦說：「人是欲望和需求的化身，是無數欲求的凝結。」**所以，對於普通人而言，擁有欲望並不是什麼羞恥的事情。相反，正是這些大大小小的欲望壘起了我們人生追求的階梯。

然而，正如人有高下之別，欲望卻也有好壞之分。適度的、正面的欲望能成就一個頂級精英或一個偉大的英雄，而過度的、負面的欲望卻足以使人變成一個鼠輩。

在哲學家叔本華的論述中，**人的欲望正來源於「可望而不可即」。得不到，卻又放不下，使得人心只能在莫大的苦楚中掙扎、煎熬。**

「太想得到」讓你變得無比偏激固執。正如網上流傳的：「人的痛苦是因為想得到的太多，想承擔的卻太少。」

你斤斤計較於眼下的不如意，試圖從過往溫暖的回憶中汲取安慰，又或者為自己描繪一幅關於未來的美好藍圖。蠅營狗苟中，卻唯獨忽略了當下的行動與付出。殊不知，唯有放下對結果的執念，全心全意地投身於過程，你才能享受到真正的快樂。

想要變得更好的欲望，讓你越來越熱衷於攀比，越來越在意他人的目光和評價。隨著內心焦慮的情緒不斷發酵、膨脹，你乾脆將知識付費當成救命稻草：捷運上，打開「英語頻道」，完成計畫中的英聽學習；午休時，抓緊時間學習「如何豐富自我社交技巧」；下班路上，打開「知識星球」，聽主持人講講時政消息；晚上睡前，滑滑文章〈如何以最快時間實現財務自由〉……

少得可憐的業餘時間被形形色色的「課程」塞得滿滿當當，甚至連你自己都被自己的努力感動了。在「這個世界正在淘汰不學習的人」的論調轟炸下，你是否問過你自己：你真的需要它們嗎？如果不上這些課，你的生活真的會變得很糟糕嗎？

其實，你的問題不在於你不好，而在於你太著急變好。過度渴望，再加上不擇手段地去追逐，讓你過得越來越狼狽。知識付費緩解不了你的焦慮，你該做的是正視自我不足的同時全心接納自己。你該做的，是找準人生的座標，朝著想像中的未來勻速前進。

過度的物質欲望，只會吞噬你心靈的自由，令你的精神世界越來越貧瘠。明明衣服多得穿不完，卻還是控制不住地想買買買。看著信用卡不斷透支的數字，內心充滿沮喪和不安。原先的房子住得好好的，偏偏一山望著一山高，渴望住上透天厝、學區房、豪宅。於是貸款越來越多，房子也裝修得越來越精美，家卻變得越來越冰冷。

《菜根譚》中有這樣一句話：「塞得物欲之路，才堪闢道義之門。」

意思是說，只有將尋求物質欲望的路途堵住，才能擴寬通往真理大門的道路。想要隔絕物欲，就要貫徹「斷捨離」的理念，過上清淨舒心的生活；或者嘗試著轉移「興奮點」，富足精神淡化物欲。

面對權力，我們應該始終保持敬畏之心。若手裡恰好掌握了點小權力，便要一刻不停地修剪欲望，讓心中警鐘長鳴。面對金錢，我們應始終保持淡然之心。只因財富的多少並不能決定我們的人生價值。所謂的一夜暴富永遠只能是劇本，腳踏實地才是真理。

塞涅卡曾說：「在麵包和水面前能克制住自己的人，會像朱庇特一樣快樂。」

貪婪的人被欲望所支配，不惜一切代價只為獲取更多。可是，若你只看到了內心的欲望，卻學不會克制，最終只會在欲望的泥潭裡越陷越深。除了降低欲望值，為欲望設置底線外，還要學會對人生做減法，這樣才能享受到人生真正的樂趣。

本書從心理學的角度入手，對包括物質、享樂、金錢、權力、攀比在內的人生諸多欲望展開了豐富的聯想及深入的剖析，幫助讀者瞭解自身的欲望和需求，以此來分析自我心理狀態、調整自我人生規劃。讓我們在向著理想進發的過程中，一方面要借助欲望的力量追求美好，一方面做欲望的主人，駕馭它，掌控它。

目錄
Contents

第三章　過度的物質欲望，帶來精神的極度空虛 95

目錄
Contents

目錄
Contents

第一章 求而不得的欲望，是一切痛苦之源

欲望不可怕，可怕的是「太想得到」

熱播劇《北京女子圖鑑》中的女主角陳可一直在思考著一個問題：「女孩有欲望是一件壞事嗎？」直到有一天，上司顧總的一句話打消了她的顧慮：「等你找到與你有相同欲望的人，你就會明白有欲望不可怕。」的確，欲望本身不是一件壞事，但若心中出人頭地的欲望過於強烈，並任由欲望的驅使，不擇手段地爭名奪利，事情便會變得可怕起來。

尤其是那些求而不得的欲望，你越是不願意放下，便越容易受到它的折磨。當你腦海中只剩下欲望時，你的理智會被吞沒，靈魂會被撕裂，你整個人都會變得醜陋不堪。

心理學家分析說，人人都有欲望，但人心中的欲望卻有高級與低級之分。**高級的欲望是一種信念，亦是一種生命的驅動力**。它像一根救命稻草，又如懸掛在深沉夜幕中的明星，給予人永不放棄的信心和力量。而這種信念更有助於激發我們對生活、對未知的好奇心及熱愛之情，促使我們在成長的不同階段樹立不同的目標以實現自我的價值感。

陳可就是一個欲望很強的人。她渴望擁有名牌包包，渴望自由體面地生活在大都市……正是這些欲望促使著她努力工作，努力去抓住一個個難得的機遇，步步踩穩、步步高升，最終成長為一個雷厲風行、馳騁職場的女精英。

如果當初的她心中毫無欲望，事事安於現狀，不斷自我安慰、自我滿足，那麼她就永遠只能扮演一個無足輕重的小人物，渾渾噩噩地度過自己的一生。

然而，**低級的欲望卻是被種在心房的執念**。隨著時間的澆灌，它慢慢長出黑暗腐臭的藤蔓。想要拔除這根「執著」的藤蔓是一件無比困難的事情，你勢必會痛苦到崩潰。

因為太想得到，你逐漸忽略了實現欲望的手段，妄圖通過捷徑去一步登天。同樣是在《北京女子圖鑒》中，因為太想實現職場升遷，陳可的同事姚梅接受了上司的「潛規則」；因為太想得到優渥的物質生活，陳可的朋友王佳佳嫁給了比自己大三十歲的老頭。然而，這些盲目的選擇最終令她們走上了一條更為坎坷波折的道路，最終與幸福失之交臂。

當單純清澈的信念變成複雜渾濁的執念時，人的靈魂就會慢慢變質。而「求而不得」之所以讓你痛苦煎熬，在於你的認知存在缺陷。你以為你看到別人的光鮮生活都是靠走捷徑或成天好逸惡勞得來的，卻不知「所有的收穫都要付出相應的代價」。

電影《霸王別姬》裡有這樣的情節：戲班師傅對小豆子等一眾徒弟十分嚴格，只為了敦促他們苦練以成為梨園名角。有一天，小豆子偷偷溜出戲園，跑去看名角唱戲。台上的表演贏得一片掌聲，小豆子不由淚流滿面道：「他們怎麼成的角兒啊，得挨多少打啊。」這是因為小豆子有著理智而完整的認知：想要實現揚名立萬的欲望，就要挨打、要受苦。

如果你能修正自己的認知，認識到所有的成就都要靠艱辛付出才能獲得，那麼實現欲望的過程再苦你都會甘之如飴，哪怕暫時無法過上想要的生活，你心中的火苗亦不會熄滅。可是，對於那些行動力太強的人來說，當內心的欲望極度膨脹時，他們只會急不可耐地朝著心中的目的地狂奔而去。這時候，「太想得到」便變成了一件無比可怕的事。

正因為太想得到，他們眼前彷彿出現了一片迷霧，再也看不到正義和私欲的區別。一旦受到阻攔，他們便會不惜違背自然規律、違背法律鋌而走險，就此誤入歧途。

巴爾扎克曾這樣寫道：「一個人要失敗之後，方能發覺他欲望的強烈。」那些無法被滿足的欲望，可能會害了你的一生。當然，欲望本身不可怕。只要你牢記這兩句話：**選擇運用怎樣的手段去實現自己的欲望，決定著你的前途；如何對待自己的欲望，決定著你最終的人生走向。**

越是被禁止，越會想方設法去索取

曾有一個心理學家做了這樣一個實驗，實驗對象是一群五歲左右的孩童，他們被分為A、B兩個觀察小組。心理學家分別在A、B實驗室的桌子上放上五個倒置的玻璃杯，離開A實驗室時，心理學家告訴小朋友不要動桌上的玻璃杯，因為裡面裝有東西。離開B實驗室時，他卻什麼也沒說。佈置完一切後，他再通過攝影機觀察孩子們的反應。

結果顯示，A實驗室的孩子對倒扣在桌子上的玻璃杯表現出極大的興趣，並紛紛上前挪開玻璃杯，想要看杯子底下究竟裝著什麼。而B實驗室的孩子卻對玻璃杯沒什麼興趣。

生活中，你會觀察到這樣一個現象：越是不讓知道的事情，人們越想知道；越是被禁止的東西，人們越是想靠近並拚命地索取；越是得不到的東西，人們就越想要。

這便是心理學上所說的「禁果效應」，正如那則希臘神話：萬神之首宙斯將一個魔盒託付給潘朵拉。宙斯提醒她千萬不要打開這個魔盒。可是潘朵拉將宙斯的告誡拋到腦後，她偷偷打開魔盒，結果裝在盒子裡的所有罪惡都跑向了人間。

「得不到的永遠在騷動」，人類的欲望越是受到牽制、壓抑，反而越是高漲。比如，那些無法輕易得到的東西，更能強化我們「一探究竟」的渴望與需求，並一再激起我們的佔有欲。

對於日常生活中那些隨處可見的事情，我們早已見怪不怪，它們無法引起我們的好奇心和探索欲。唯有那些無法知曉的「神秘」事物或者被禁止的東西，對我們有著深深的吸引力。越是被禁止接近，我們越是會千方百計地通過各種管道獲得或嘗試它。

「禁果效應」與兩種心理息息相關。一種是好奇心理，一種是逆反心理。其實，無論是好奇還是逆反都是人類的天性。對自己不熟悉的事物，人們天生想要瞭解和靠近；面對束縛，人們總想要脫身而出，無所顧忌地追求自由。

蘇聯心理學家普拉圖諾夫在其著作《趣味心理學》的前言中特意提示讀者請

勿先閱讀第八章第五節。這一提示反而激起了讀者們的探究欲望，並採取了與作者告誡相反的態度。

讀者們大多懷有這樣的心理過程：為什麼不被允許先翻閱第八章第五節？這裡藏著怎樣的秘密？如果好奇心得不到滿足，人們就會產生逆反心理，即親自去一嘗「禁果」。

人們的這種心態其實也反映了心理學上的另一個概念：「短缺效應」。一部電影中有這樣一個情節：女主角和朋友一起逛街，她看中了一條裙子，摸了摸材質，試了試大小、款型，一切都很滿意，可瞥到價格牌上的數字時，她猶豫了。老闆立刻上前說道：「您真的很有眼光，這條裙子是我們店裡剛上的新款，銷量很好，這是最後一條哦！」

女主角聽到這句話，咬咬牙，還是買下了這條裙子。她的心理活動可能是：「這可是最後一條了，如果現在不買的話，就永遠也買不到了。而如果再要得到它，我可能要花費比現在高很多的成本。」然而，花光工資買下這條裙子後，她卻沒了錢交房租。

我們潛意識裡總是認為：越難得到某樣東西，這個東西價值越高。又由於太過於害怕「失去」，我們內心的欲望之火會越燒越濃烈。欲望因此變成了一口深井，禁錮住你的身心。它越是無法被滿足，越是讓你泥足深陷、欲罷不能，你就此淪落為欲望的奴隸。

面對求而不得的欲望，最好的辦法是坦誠。告訴自己「我真的很想擁有，可是現實證明就算嘗試一百次也實現不了」，而不是「禁止自己胡思亂想」。只因，你越是禁止自己靠近，越會害怕失去，越會不由自主地去攫取，不擇手段地去佔有。想要跳出欲望的陷阱，就不要隱藏、不要逃避，而要冷靜、理智地看透自我人性中的缺點，將內心的欲望通通曬在陽光下。這會讓你掌握主導權，一改被動承受「禁果效應」、「短缺效應」影響的局面，讓你浮躁的內心平靜下來，讓澎湃的欲望逐漸冷卻。慢慢地，你會看到現實與理想之間的距離，瞭解到先前被欲望綁架的自己究竟有多可悲、可笑。

淡化內心欲念的同時，面對他人的反對與禁止，我們應儘量轉移注意力，不必耿耿於懷念念不忘。花更多時間和精力去聚焦於自己的內心，觀察自我內心世界的「一草一木」。

面對他人「數量有限」的通知，你該明白，對方真正的目的是挑起你的欲望，提高你所想要得到的東西的價值，**看穿「套路」，你便很難被欲望所綁架**。

欲望越是打壓，就越是高漲。就像你越是翻來覆去地想睡著，就越是睡不著；你越是想徹底忘記一個人，對方的身影越是深深地刻印在你心裡。這時候，不妨用另一種心態去面對欲望，儘量放鬆心情。而你的心態越是輕鬆自然，便越不容易受到欲望的影響。

欲望得不到滿足的人，容易產生幻想

電影《樂來越愛你》（La La Land）中有這樣一幕：堵得水泄不通的交流道上突然響起音樂，女主角打開車門，自如地穿梭在人群中，一邊放聲歌唱，一邊歡快地舞蹈。她煩躁的心情一掃而空，面上洋溢著甜蜜的笑容。可歌舞一結束，觀眾才發現導演剛剛是玩了把黑色幽默。那些歡快的歌舞都源自女主角的幻想，幻想被戳破後，一切恢復如常，現實還是令人沮喪。

人們在某種欲望得不到滿足時，很容易沉浸在空想中。精神分析學大師佛洛伊德將這種空想命名為「白日夢」。在他看來，現實生活中，越是對某種欲望求而不得的人，越傾向於通過一系列想像在心理上「實現」它，這是為了在虛無中尋求心理平衡。

在闡述這一概念時，佛洛伊德著重強調了一個關鍵性詞語：逃避。他解釋說，那些過分沉湎於空想的人，一定是一個有很強的逃避傾向的人。

曾有一位來自麻塞諸塞州的年輕人拜訪愛默生，年輕人說自己打小熱愛詩歌，從七歲起便開始詩歌創作，但他一直苦惱於得不到名師指點。後來，他聽說了愛默生的大名，便不遠千里地趕來拜訪他。愛默生見年輕人談吐優雅，彬彬有禮，對他印象很好。讀了年輕人奉上的詩作後，愛默生讚賞不已。他認定年輕人很有天賦，決定大力提攜對方。

愛默生將年輕人的詩稿寄到報社發表，但回響不大。愛默生一直寫信給年輕人，鼓勵他不要放棄。不知從何時開始，年輕人寫給愛默生的信越來越長。信中，年輕人開始以著名詩人自居，字裡行間態度傲慢。愛默生覺得很不對勁。秋天到了，愛默生邀請年輕人參加一場文學聚會。聚會中，年輕人逢人便說自己已經寫成了一部偉大的作品。

愛默生在一旁默默觀察著他。後來，冬天到了，年輕人寫給愛默生的信裡再也沒提過他的那部「偉大作品」。直到有一天，年輕人在信中承認，自己長時間以來一直沉浸在空想裡，什麼也沒寫，所謂的偉大作品都是子虛烏有之事，只因他太渴望揚名立萬了。

一位作家說，所謂的白日夢是一個人的狂歡。他用想像為自己架構起了一個逃避現實的安樂窩，他和心愛的人依偎在那裡，不必花費太多力氣，就能輕鬆實現一切浪漫的理想。可惜的是，他不能一直沉浸在這種幻想裡，生存的壓力會不時將他生拉硬拽出那個美妙的烏托邦世界，彷彿睡在美夢中的人被現實的巴掌殘酷地拍醒……

也許你曾為了排遣現實生活中的鬱悶、不滿、絕望等悲觀情緒，一頭扎進虛幻的世界中，用一種逃避的心態來面對生活，並將身邊讓你倍感壓力的人與事拋到腦後。可這樣的你，彷彿在吸食「精神鴉片」，不但無法贏得想要的未來，還會摧毀得之不易的現在。

幻想所能帶來的只是一時的歡愉。那些擁有很強執念而心靈卻又很脆弱的人，總會給人留下不真誠、不可靠、滿嘴謊話的印象。也許，他們並不是有意在說謊，當他們抱著異想天開的欲望時，便很容易將現實與幻想弄混淆，然後在無意識中說出一些謊言。

正如欲望有好有壞，幻想也是如此。適當的、正面的幻想讓人富有激情和創造力，甚至為人們的成功做下鋪墊。西班牙超現實主義畫家達利一輩子都沉浸在空想中，他滿腦子怪誕、與現實生活格格不入的奇思妙想，但這樣的人最終卻成為一代藝術大師。

這是為什麼？達利的同學、超現實主義電影導演路易士・布努埃爾在自傳中寫道，年輕時他和達利同住一幢學生公寓，讓他印象最深的是達利的勤奮。他回憶說，達利繪畫時，像極了一位埋頭苦幹的工人。那時候，達利單獨住一間房子。繪畫時，他會打開房門，過路的學生站在門邊對他的畫作指指點點，他卻充耳不聞，一心沉浸在創作中。

達利以天才自居，總表現得很傲慢，而且總是幻想自己某一天會功成名就。布努埃爾卻並不認為達利狂妄而不切實際。在布努埃爾看來，達利的勤奮足以支撐他將幻想變成現實。

果然，達利最終獲得了輝煌的成就。他之所以能成功，就在於他將欲望和空想轉化為豐沛的想像力、創造力和行動力。靠著日復一日的耕耘與努力，他終於成就了自己。

若達利也像那位拜訪愛默生的年輕人一樣，陶醉在自己的天賦和才華之中，整天想入非非，卻不付出切實的行動，便只能眼睜睜瞧著自己墜入虛空，一輩子庸碌無為。

空想過了頭，可能會產生自閉傾向，甚至讓人失去理智，從此變得瘋瘋癲癲。法國電影《花開花落》中，貧寒的畫家薩賀芬一直夢想著能開一場畫展。得到著名畫商的賞識後，她始終沉浸在名揚天下的幻想中。誰料幻想最終落了空，她承受不住這個結果，最終發了瘋。

古人說「千里之行始於足下」，沒有辛勤的耕耘，不可能迎來輝煌的成功。哪怕你是一個富有才華的人，一旦深入空想的泥潭中難以自拔，你的才華註定會消失殆盡。

正如愛默生所言：「當一個人年輕時，誰沒有空想過？誰沒有幻想過？想入非非是青春的標誌。但是，我的青年朋友們，請記住，人總歸是要長大的。天地如此廣闊，世界如此美好，等待你們的不僅僅是需要一對幻想的翅膀，更需要一雙踏踏實實的腳！」

越是懷念過去的人，對現狀越不滿意

網路上有人問道：「為什麼對未來毫無期待，卻喜歡懷念過去？」

有人回答說：「因為未來變數太大，再怎麼期待也可能一場空……而過去的事情是已經發生過的、不會再改變了。如果你對現狀並不滿意，對現在越失望就越會懷念過去，過去的事就像遠處觸碰不到的蛋糕一樣，怎麼看都覺得可口。」

很多心理治療師會遇到患有「懷舊症」的病人。心理學家解釋說，當人們在現實生活中的欲望無法得到滿足時，很容易將炙熱的情感寄託於過往的回憶中。

所以，那些動不動就緬懷過往的人，可能是因為他對目前的境遇很不滿意。可這種懷念，只會讓負面情緒積壓，導致陷入惡性循環。一旦情緒「決堤」，後果更不堪設想。

香港電影《一念無明》中，阿東的母親長年患病，生活無法自理。她終日蜷縮在那間陰暗的房子裡，喋喋不休地提起自己過往美好的回憶：富裕的家庭，爸爸媽媽對自己的疼愛。可每當從回憶中醒過來時，她卻失望地發現如今的自己過得有多糟糕、狼狽。

原來，年輕時候的她嫁來香港，原本渴望過上更幸福、富足的生活。當夢想逐一破滅後，她越是懷念過去，越覺得現在的自己過得真的很不幸。不滿的情緒越積越深，她也變得越來越歇斯底里。阿東在這種環境中長大，母親終日的抱怨、指責及反覆無常的情緒讓他也變得敏感、暴躁，最後甚至患上了躁鬱症。一家人也因此變得越來越不幸……

心理學家分析說，懷念過往的人，通常會有以下幾種表現：

後悔於當初的某項決定，內心藏著遺憾、不滿。生活中，也許你曾聽到身邊的朋友不停地感慨，或者你自己也曾發出過類似的抱怨：「要是剛畢業時選擇考公務員就好了……」「當初要是選了ＩＴ專業就好了……」「要是選擇去大城市就好了……」

守著某些「陋習」不放，希望目前的生活變得和以前一樣。比如，生活中很多女孩結婚後遭遇變故，明明生活拮据還是保持著婚前大手大腳的消費習慣，不願意正視現實。

認為自己不夠好，甚至認為自己不可救藥。當我們活在過去時，潛意識裡會認為現在的自己很糟糕，然後抗拒學習新東西，認為自己不可能會取得進步。

人的欲望越多，心理上的痛苦就越多。而現實的不幸，會讓一部分人無比懷念過去的美好。而真正為此付出過代價的人卻深刻地認識到，沉湎於過去只會讓我們失去更多。

你要明白，如果你不去真正改變自己，一開始你沒有把握住的那些機會，哪怕再次落到你頭上，你也未必能駕馭得了。

與其感慨過去，不如好好經營現在，只因你永遠也不可能回到昨天。你所擁有的只有現在，你所能改變的也只有現在，沉浸在過往的回憶中無異於鑽進了牛角尖。

居里夫人曾邀請一位朋友共進晚餐。朋友趕到居里夫人家中時，發現居里夫人的小女兒正在抓著一枚獎章玩耍。朋友定睛細看，才發現小女孩抓在手中的是英國皇家學會發給居里夫人的獎章。朋友吃驚極了，不由得問道：「瑪麗，所有的科學家都會為得到這樣一枚獎章而自豪，這可是一種至高無上的榮耀，你怎能隨隨便便地丟給孩子玩呢？」

居里夫人笑著解釋說：「因為我想讓孩子明白一個道理，無論取得多大的榮耀，它終歸會過去。**如果永遠守著過去的榮耀，沉浸在那種歡愉中無法自拔，就再也沒辦法取得新的成就。**」靠著這樣的心態，居里夫人後來果然成為兩屆諾貝爾獎得主。

如果你現在過得很不如意，卻對過往的幸福念念不忘，就一定要想方設法讓當下的自己變得充實、忙碌起來，讓自己沒有時間和精力去回想過去。唯有踏踏實實地辦好當下的每一件事，將每一個難題處理得利索、乾淨，你才能迎來久違的幸福感。或者，你可以去接觸新的事物、交新朋友、學習新東西，以此來激發自己的自信心。在此過程中，你要給自己更多的心理暗示：「我很好，我目前所擁有的是很多人都羡慕的……」

每次不由自主回憶起過往美好時光的時候，一定要控制時間。比如，告訴自己：「我只允許自己懷念三分鐘，之後就要開始行動了。」學會用過往的美好去激勵自己。

你要明白，人生是一個動態的發展過程。無論以前的你有多優秀，有多快樂，卻不能代表現在和未來。你必須以積極心態去面對生活，找到當下的目標。

減少回憶過去的時間和頻率，你的幸福指數才會持續地攀升。如果一味沉浸在過往回憶中，過得糊裡糊塗，頹廢抑鬱，未來的你在回想起今天的自己時就會只剩下痛苦。加油把握好現在，將那些求而不得的痛苦消融在努力中，未來的你依舊會為現在的自己感到自豪。

求而不得，會讓你變得偏激和固執

大陸熱播劇《都挺好》中，二哥蘇明成在妻子面前脾氣很好，百依百順，可一旦見到妹妹蘇明玉就會變得無比偏激、固執，怎麼看她怎麼不順眼。有網友評論說，這是因為蘇明成自小瞧不起的妹妹得到了他最渴望得到的一切，包括風光的事業、優渥的生活條件等。

蘇明玉的成功凸顯出蘇明成的失敗，也讓後者的欲望越來越炙熱。一旦欲望得不到滿足而又無處發洩時，蘇明成便顯得攻擊性十足。他是在用這種方式來掩飾自己的自卑。

之後的劇情證明了這一點。當蘇明成投資失敗，名利雙收的夢想化為泡影時，他的性格發生了極大的變化，連最愛的妻子的話他也聽不進去，甚至在暴怒的狀態下動手打了妻子一耳光。當他暴露出性格中最陰暗的那一面後，妻子也心灰意懶地離開了他。

我們並非活在真空狀態裡，每個人心裡都有各種各樣的欲望，但是這些欲望不可能一一得到滿足。一開始，我們所經歷的傷害還很小，尚不能構成動搖心理的因素。可一旦不滿的情緒積累到了頂點，很多人的心理就會變得扭曲，行為和態度也會發生各種變化。

比如，整個人彷彿鑽進了牛角尖，經常發表一些偏激言論；聽不進別人善意的勸導，對周圍的人和事表現得敵意十足；短期內，生活和工作上都會出現明顯的倒退現象……總結起來，主要分為三方面：認識上的片面性；情緒上的衝動性；行為上的莽撞性。

有些心理學家認為，這其實是部分人在遭遇挫折和打擊後的一種應激反應。在成長過程中，這一類人本身性格並未得到很好的完善，有著各種各樣的缺點，當他們遭遇不順，並一味沉浸在絕望情緒中時，性格中偏激、固執的一面就會被無限放大。

聽說過這樣一句話：「一個人的固執裡，藏著低水準的認知。」過分固執與偏激的人很難獲得好人緣，發展也不會很順利。他們往往會抗拒接受外界資訊，異常敏感，異常自尊，並拒絕反省，拒絕傾聽。這使得他們的成長速度急速下降，個人競爭力也急速流失。

心理學家分析說，一旦人性中偏激固執的一面被「開發」，就很難擺脫這種心理狀態，生活狀態也會越發糟糕，這與他們過於強烈的「心癮」息息相關。所謂的心癮，指的是欲望時常得不到滿足的狀態下，不自覺演變而成的一種壞習慣，或者一種負面思維方式。

而心癮還會時不時地勾起欲望，讓人時刻處於一種欲求不滿的痛苦中。就在這樣的雙重壓迫中，一些意志力薄弱的人可能會一條路走到黑，逐漸發展成偏執型人格。

前兩年，一則新聞在網上傳得沸沸揚揚。一個男生因女友提出分手，十分失望不滿。他聽不進去女孩的任何話，強行霸佔女孩的房子，對她糾纏不休。

為了逼迫女孩和自己見面，他拿女孩養的寵物貓來威脅她。女孩向他承諾，中午過去見他。該男子卻不同意，逼迫她十點就要到。女孩因為太過害怕，未赴約，該男子竟然用水果刀將寵物貓殘忍地殺害，還拍下影片發給女孩。完全不敢想像，如果女孩聽了男子的話如期赴約會有怎樣的後果。

求而不得，竟會激發出一些人骨子裡的「魔性」，讓他們撕扯下面具，化身為冷血的魔鬼，做出害人害己的行為。遇到了這樣的偏執狂，請第一時間遠離。

如果你也正遭受求而不得的痛苦，請審視自己的行為：是否變得憤世嫉俗，終日抱怨個不停？是否太過於敏感自私，聽不進去別人善意的勸告？是否太過於嫉妒別人的好，而對自己的不好格外自卑？腦海裡是否充斥著些陰暗的想法，認為人生無望？

為了不陷入偏執的怪圈，一錯再錯，你首先要做到坦誠地面對自己，承認自己言行上的不當之處。光是心理上承認還不夠，最好在日記中或者手機備忘錄上寫下自己的諸多缺點，以及反思和感悟。比如過於主觀、極端、目中無人、以己度人，等等。人際交往中，要經常提醒自己不要陷入「敵對心理」的漩渦中，並時時糾正自己的行為。

你要學會轉移注意力，令欲望有一個發洩的出口。**不去關注自己得不到的，多看看自己所擁有的，**讓自己心中、眼中處處充滿陽光。將精力放在自己擅長的事情上，找到更多的成就感，耕耘得深了，你或許能在未來的某一天實現自己當初的夢想。

求而不得，是人生至苦。想要脫離這種痛苦，需先擺正自己的心態，平靜地去迎接生命給予你的考驗，通過自己的精神力量去調節心理感受，通過腳踏實地的努力去改變自身的生存狀態，久而久之，你的心胸會變得越來越開闊。反之，則會變得越來越偏激固執。

特別強烈的願望實現了，你也未必會快樂

電影《夏洛特煩惱》中，主人公夏洛從學生時代起便愛慕校花秋雅。在秋雅的結婚典禮上，夏洛打扮得光鮮亮麗，讓小舅子開著瑪莎拉蒂送他去婚禮現場，並豪氣十足地獻上大紅包。這種種行為，都反映出了夏洛深藏於內心的願望：功成名就，贏取校花走上人生巔峰。

一場意外讓夏洛穿越回一九九七年，「未卜先知」的他成為了校園風雲人

物，之後更是成功進入演藝圈，成為炙手可熱的巨星。名利雙收的他順利迎娶學生時代的夢中女神秋雅，過上了令無數人羨慕不已的豪華奢靡的生活。

可是，兒時的夢想一一實現了，夏洛卻變得越來越不快樂。他懷念現實生活中的妻子馬冬梅，懷念過往那種拮据卻又簡單明媚的日子。他沉浸在回憶中，過得鬱悶不堪。

人心的浮躁，很多時候是由於欲望得不到滿足。有的人夢想能獲得巨額財富，有的人夢想能一夜成名，有的人夢想能獲得無比幸福、圓滿的愛情和婚姻。

我們總喜歡給自己加上無窮無盡的負荷，哪怕內心動亂不堪，也不肯輕易地放下。每逢有人問起，我們都會美其名曰「執著」。可等到年華老去，鬢白如霜，回想起這一路走來所經歷的種種恐慌、不安、絕望的心境，只覺得靈魂深處溢滿了空虛與遺憾。

著名心理學家李玫瑾曾提到，人在幼年時期很容易滿足，輕易就能變得快樂。的確，孩子的快樂標準很低，他們不懂得要求更多的東西。可等到孩子長大成人後，一切都變了。

佛家中有「五欲六塵」的概念，五欲指「財、色、名、食、睡」這五種欲望，六塵指「色、聲、香、味、觸、法」六種境界。長大後的我們，往往逃離不了五欲六塵的束縛，隨著想要的越來越多，我們獲得快樂的管道變得越來越複雜，並直接與權力、名利、財色掛鉤。

實際上，靠外在條件獲得的快樂，往往無比短暫。也許，你也有過這樣的體驗，特別強烈的欲望實現之後，你反而會感到一陣空虛，不再覺得它重要。從普通高中到重點大學，從小公司到大國企，從小助理到總監……你奮發進取，靠著自己的努力實現了人生的每一次追求。可等追求的東西到手之後，你卻失望地發現，那並不是你生命中真正想要的東西。

欲望的實現確實能讓你獲得快樂，只是這種快樂就像走馬觀花，在你眼前倏忽滑過，卻無法在你心裡生根，帶給你長長久久的滿足感。就好像陸劇《北京女子圖鑒》中，陳可最終實現了曾經心心念念的一切，大牌服裝、奢華的包包、優越的生活，可驀然回首，她突然意識到她所得到的都不重要，她最嚮往的始終是那種安穩簡單的生活。

可惜的是，生活中能衝破執念束縛的人寥寥無幾。欲望緊緊纏繞著我們，禁錮著我們的心靈自由，磨損了我們的想像力、創造力，讓我們變得蠅營狗苟、面目全非。

二〇一五年，國學大師文懷沙老先生的夫人離開了世間。文懷沙老先生給夫人寫了一副輓聯，上聯為「人人走向必然，這兒就是必然，誰個例外」。有人將這幅上聯發給達照法師，想要請他寫一幅下聯。達照法師這樣寫道：「事事都需放下，哪日不曾放下，何必今朝。」

古人有云：「無欲則剛。」過剩的欲望會將人拖入痛苦的泥潭，放下欲望，好比放下心靈的負擔。很多人為了滿足自己的欲望，不惜付出諸多代價，可真的到了願望實現的那一天，才痛苦地發現他所渴盼的財富、名與利並不是自己真正需要的。

可見，拚死拚活地爭名奪利並不一定能獲得快樂。實現快樂的方式有很多，美國的舒勒博士曾在其著作《快樂的態度》中找到了獲得快樂與滿足感的秘訣，總結如下：

• 承認自己的弱點，樂於接受他人的建議、幫助和忠告。
• 不為一時的挫折傷心苦惱，而是積極地總結經驗，吸取教訓。
• 日常生活中保持誠實，富有正義感。
• 無論身處順境或逆境，都秉持一顆淡然的心，勝不驕敗不餒。
• 發自真心地幫助別人，同身邊的人保持融洽的關係。
• 哪怕受到不公平待遇，也要抱著一顆同理之心看待世人，富有同情心。
• 無論做任何事，都要堅守個人的信念。
• 保持開朗的心境和樂觀積極的態度。

有心理學家用腦神經原理來「詮釋」快樂：「**一個真正快樂的人，能從一些很小的事情中合成『多巴胺』，他們永遠活在當下，努力讓自己每一天都過得充實。**」

英國腦科學家則認為，那些只有在得到什麼東西或實現了外在欲望之後才能感到快樂的人，他們生命的形式一定是在低層。由此可見，你完全可以掌控自己的快樂，而不必被欲望所綁架，活在患得患失的恐懼中。不妨放棄心中的執念，和自己和解。勇敢地卸下欲望的包袱，輕裝上陣，重新出發，去追逐心靈的自由和真正的精神上的愉悅與滿足。

專注於過程，而不是所謂的結果

那些因求而不得備受煎熬的人，往往過於專注欲望的「結果」，卻對實現欲望的「過程」毫不關心。可是，如果我們能將注意力聚焦在行動過程中，如我們心靈上有哪些成長、積累了哪些經驗，而不是行動最終是否達到目標，便能脫離求而不得的痛苦。

經典美劇《絕命毒師》的主角布萊恩・克蘭斯頓在自傳中寫道，在他職業生涯的早期，他終日忙忙碌碌。拍廣告，客串主演，參加試鏡……他奔波不停是因為他渴望能成為大明星，早日過上光鮮亮麗的生活。可在很長一段時間裡，他不僅事業止步不前，心情也跌落谷底。

布萊恩・克蘭斯頓的導師給予他一個寶貴的建議：**專注於過程而不是結果**。

布萊恩・克蘭斯頓深受啟發，並告訴自己：「我不是為了找一份工作，我是為了做一份工作，我是為了演好角色。如果我只是追求結果，就會讓自己陷入期待，最終失敗。我的工作是吸引觀眾眼球，所以要抓住機會，享受整個過程。」心態有了轉變後，工作突然變得無比輕鬆自在起來。布萊恩・克蘭斯頓無比享受創作過程中的每一分每一秒，而他的事業也因此柳暗花明、突飛猛進。

佛家裡有「我執」一說，意思是人總是欲壑難填，執著於一個又一個所謂的圓滿結果，而忽略了追求目標過程中，個體身心的轉變與獲得。心理學上有一個專屬名詞可解釋這個現象：「瓦倫達效應」。

瓦倫達來自一個專門走鋼索的家族。

有一次他接受了一個挑戰，要在兩層高樓間穿行而過。很多人慕名前來觀看，瓦倫達的得失心頓時達到頂點。誰料剛開始表演沒幾分鐘，他便失足從鋼索上掉了下來。

心理學家分析說，**如果太在意結果，反而會受其所累。只因欲望是柄雙刃劍**。普通人雙眼只盯著結果，於是輕易墜入求而不得的煉獄，於貪嗔癡的輪迴中不得超脫。

而那些真正厲害的人，卻能利用欲望推動自己上進。他們明白，贏的執念一旦形成，一般不會自動消失，只能設法疏導、調適。要知道，人都有欲望，卻無人能夠掌控欲望的結果。如果一心關注結果，就永遠無法擺脫求而不得的痛苦。

為了放下貪欲與執念，他們轉而關注起整個行動過程，並嘗試著去掌控這一過程中自己的態度與思維方式。哪怕求而不得，也只會遺憾自己未曾做得更好一點兒，而不會深陷負面情緒中無法自拔。就這樣，在不知不覺中，他們都變成了更好的自己。

關注結果的人，在意的是成功後的風光與享樂。這種膚淺的欲望反而會阻礙我們的成長。唯有收起那些幻想，踏實走好腳下的路，享受自我點滴的進步與成長，才能迎來真正的榮耀。以運動員為例，成就他們的並不是那枚冠軍戒指，而是平日的艱苦訓練。

《波士頓環球報》曾跟蹤報導了奧運滑雪運動員的一天。天剛濛濛亮，運動員們便準時起床。先雷打不動地做上幾組伸展運動，再觀看前一天的錄影，分析自己的優缺點。

之後，他們便投入到複雜的滑雪訓練中，直到午餐時間。訓練過程雖然無比艱苦，但他們精神上卻很享受，捨不得浪費一分一秒。吃過午飯後運動員們再按部就班地去上課、做調理，等等。忙忙碌碌中又迎來了晚餐時間。飯後他們還會再去大廳學習一個半小時。讓人印象深刻的是，運動員們每天最多只能獲得一小時的「自由時間」，但每個人都會自覺用它來完成課後作業。

這些運動員早在奧運會開始前就已經將自己鍛造成世界上最好的「冠軍」。要知道冠軍只有一個，註定有大批運動員會落敗。求而不得對於他們而言是人生必然要經歷的一件事情，但絕大部分運動員對此都抱著開放、樂觀的態度。他們享受過程，卻看淡結果。

當你過分在意結果時，私欲、雜念只會如蓬勃的野草，在你腦海裡瘋長，導致你越是看重結果，越容易願望落空。過剩的欲望只會帶來求而不得的惡性循環。當你轉變心態，完全沉浸在「求」的行動與過程中，努力磨煉技能，耐心研究技巧，卻往往能得到意外收穫。

如果你注意觀察，你會發現生活中無法實現目標的人佔據大多數。欲望得不到滿足所產生的痛苦深深折磨著他們，將他們變得敏感、易怒、虛榮。或許，你也是其中一員。這是因為，我們都太執著於結果，而非努力磨煉技能、努力平和心境。

有的欲望可能會被實現，有的欲望卻註定是美麗而又空虛的憧憬。著名企業家曾仕強曾笑言：「**人生是來享受過程，而不是來計較結果的。**」不要將時間浪費在我們無法控制的諸多欲望的結果上，好好享受讓自己變得更好的過程。

逃離大都市就能過著自己想要的生活嗎

北大才女劉媛媛曾寫過一個小故事。故事的主角是她以前的同事，後者畢業於北京一所知名大學，能力出眾。按照劉媛媛的預測，如果這個女子當年留在了北京，定能取得不錯的發展。然而，當初的她在北京工作了一兩年後，只覺得生活壓力和工作壓力越來越大，想要實現的目標通通遙遙無期。這令她內心產生一股逃離的衝動。

最後，女子聽從父母的安排回了老家。回去後，她找到一份清閒、工資卻少得可憐的工作。令她煩惱的是，她周圍的同事、朋友一個個十分滿足於目前安穩的日子，天天下班約她逛街打麻將。女子不願意浪費時間，寧願待在家裡看書，學點東西。

她與周圍的人越來越格格不入，內心痛苦不堪。大城市裡繁忙的節奏和「人人自危」的氛圍讓她無比想念。終於有一天，她毅然辭去了工作，背起行李回到了北京。

當欲望擱淺、夢想破滅的時候，我們難免要承受很多壓力。若現狀糟糕的程度讓你無法忍受，你便極其渴望來一次「出走」，徹底解決問題。美國學者梅琳達・大衛斯從一九九六年開始一項複雜的「欲望計畫」，只為了弄清這個問題：「現代人到底要的是什麼？」

經過六年的認真研究，「欲望計畫」小組有了一個重大的發現：最讓現代人耿耿於懷的，是如何克服內心深處的混亂。這對逃避心理作出了進一步的解釋。

所謂人生不如意事十之八九，正因現實不如意，人們才無比渴望逃避此時此刻的煩惱，去往別處尋求心靈的平靜與圓滿。前兩年，離開大都市的呼聲甚囂塵上，很多被大城市快節奏生活壓得喘不過氣來的年輕人腦海裡都產生過一走了之的想法。還有很多人付出了行動：有的人毅然辭職去見識廣闊的世界；有的人回到了小縣城，想要瀟灑度過餘生。

然而，那些選擇逃離的年輕人，真的逃出了以往的壓抑與痛苦嗎？答案是否定的。一部名為《平凡英雄》的短片戳中了很多人的心，它講述了四個關於逃離的故事。

第一個故事中，男人被堵在了高速橋上。獨白響起：「這是我第十一次想要逃離這座城市。懷揣著對大城市的憧憬而來，卻越來越覺得自己渺小無力，帶著失望和無奈想要離開⋯⋯」

第二個故事中，女孩一臉麻木地擠在人群中。獨白響起：「這是我今年第七次想要離職，每天擠著超負荷的地鐵和公車，懷抱著所謂的夢想苦苦掙扎⋯⋯」

第三個故事中，男人歎息。獨白響起：「這是我第廿六次想解散公司，創業很難，堅持很苦。在車裡哭完，笑著走進辦公室……」

第四個故事中，女人呆愣愣地望著手機螢幕。獨白響起：「這是我第三十三次想要離婚，住著幾十平方米的小出租屋，為了雞毛蒜皮的小事冷戰，忘了是第幾個晚上失眠了……」

短片的最後，卻提出了一個疑問：只要生活有些微不順心，我們就想逃離，彷彿換了生活環境就好了，離開了就能解決一切。但是，果真是換了就好了嗎？

如果不改變我們對待生活的態度，什麼都不會變好。很多逃離現實的年輕人，最終都在尋找「後悔藥」。一意孤行辭職旅遊的，花光了積蓄也無法治癒內心的不安全感；衝動地撤回老家縣城的，最後卻發現小地方的一切都與自己格格不入，簡直度日如年。

其實，問題不在於生活在大城市或小城市，而在於年輕人內心逃避現實的念頭像一顆毒瘤一般，始終蓬勃生長於他們的靈魂深處。這顆毒瘤消解了他們的韌性，阻礙了他們的勇氣。只要遇到些許不順心的事情，他們內心第一反應就是逃離。可是越是逃避，越是焦慮心慌。如果你負面欲望太多，去哪兒都不能安心生活，哪怕逃到天邊也無法得到解脫。

喜劇動畫《馬男波傑克》中，那個一直頹廢度日、習慣逃避現實的陶德最終看清了事實，他說：「你不能一直做一些爛事，然後自己後悔，好像後悔有用一樣，你需要變好。」

要知道，認真生活的人，在哪兒都不會太差。有位網友描述了自己的故事，曾經在一線城市打拚的他，面臨著常人難以想像的壓力。不堪重負的他決定報考老家的公務員，回到小城市生活。母親的一番勸說令他打消了這個想法，他突然想起，其實從畢業的那一天起，他就已經做好了為夢想全力以赴的準備。此時，又怎能半途而廢？

於是，他選擇留了下來，與困難和挫折死磕到底。十年後的他，早已在一線城市落戶生根，還把母親也接了過來。他無數次感謝當初那個不曾放棄的自己。

《平凡可貴》這部短片中，最後一句話是：「生活不在別處，腳下即是前方。」這是個充滿未知的時代，誰也不知道未來會發生什麼。無論你選擇過哪一種生活，唯一能做的就是趕走內心逃避的念頭，活在當下，拚盡全力地為未來的自己積蓄力量。所謂此心安處是吾鄉。只要你踏踏實實地去努力，若干年後，無論身處何地，無論結局如何，你都不會後悔。

你嚮往的田園生活解決不了「中年危機」

網路上的一則新聞曾引起熱議，一位四十歲的單身女子獨身一人奮鬥在「魔都」上海。她從事的是別人口中「最有前途的工作」，艱辛打拚只為了能遇到一份完美的愛情，攢夠錢之後環遊世界。誰料十年過去了，這些夢想離她越來越遙遠。後來，她辭去工作，搬去了風景優美的小山村，開始了一段田園生活。每日種田、做飯、賞花，過得愜意無憂。

有網友評論說：「人到中年真想離開鋼筋水泥的城市，回到小山村裡，過簡單的生活……」另一個網友卻說：「這是逃避現實，靠種地養活自己和一個億的小目標有什麼區別？」

幾年前有個段子很紅，說「車庫是中年男人的大聚會」。人到中年，生活裡充斥著一團又一團亂麻。年輕人可能會選擇迫不及待地打開車門，迎接新的挑戰。中年人卻只想躲在車庫裡，搖一搖保溫杯裡的枸杞，幻想著田園生活，一個人待到天荒地老。

美國著名文化觀察家弗吉尼婭·波斯特賴爾提出了這樣的觀點：人類的欲望遠遠不只是財富、權力、名譽、物質、愛或者性，欲望的表現多種多樣，在不同的人身上有不同的表現。但都有著一個共同點：**欲望大多是生活中沒有的或者人本身所缺少的**。

但並不是所有的欲望都能得以實現。求而不得的時候，人們內心往往會衍生出一種另類的欲望——逃避現實的擁擠與繁忙，去尋求另一種簡單的生活。這種欲望帶來很多商業上的發展，比如網路遊戲等。人們在虛擬世界中尋求更多的心靈安慰。而大批的中年人卻將目光轉向了田園，這展現的是一種逃避現實的深層次需求。

人到中年，臉上的皺紋和那些煩心事一樣多。人越來越顯疲態，工作也毫無激情，可需要用錢的地方卻急劇增加。家庭生活更是一地雞毛，孩子叛逆不懂事，另一半冷漠缺乏耐心。上有老下有小的你，時不時感覺到一股人生幻滅感。這樣的你，是遭遇了中年危機。

而田園生活的自在與清閒卻是你很久未曾體驗到的。日出而作，日入而息，這種踏實感和充實感讓你迷戀不已。你幻想著和家人一起勞動，吃著自己親手種植的蔬菜、水果，夜晚和另一半依偎談心……這種想像中的充滿田園氣息的生活讓你感到無比幸福。

事實果真如此嗎？你又怎知，逃離現實後帶來的不會是另一種毀滅？它會讓你越發抗拒現實生活，越來越沒有耐心去處理好各種情感、關係，越來越沒有勇氣去接受事業上的挑戰。所謂的中年危機衍生成了一場大災難，漸漸吞噬了你。

如果你被逃避的念頭驅使著，盲目地付出了行動，遲早也會後悔。畢竟幻想與現實是有差別的。一位網友呼籲大家在想清楚之前不要貿然拋下擁有的一切投入另一種生活。每逢逃離的欲望上漲，不妨問自己幾個問題：「你忍受得了寂寞嗎？你離開得了餐廳外賣嗎？你有從微小事物中獲得快樂的能力嗎？你從事過繁重的體力勞動嗎？回到鄉村，你以何為生？」

村上春樹說：「超過了一定年齡之後，所謂人生無非是一個不斷喪失的過程，對你的人生很寶貴的東西，會一個接一個像梳子豁了齒一樣從你手中滑落下去。」中年危機帶來的煩惱與疼痛是切切實實存在的，可若因此掉入了情緒陷阱，只會讓事情變得越來越糟糕。

作家馮唐曾在文章中感歎中年人所面臨的壓力，最後他寫道：「**活在世上，什麼都不要怕，做自己認為對的事！**」在無數求而不得的欲望前，中年人應該將那句「我命由我不由天」記在心中，像年輕時候一樣積極樂觀、無所畏懼，如此才能迎來轉機。

第二章 太著急變好的欲望，讓你患上知識焦慮症

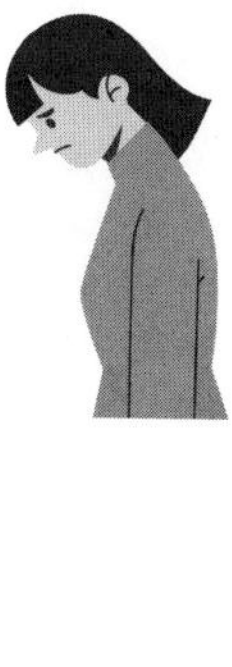

自卑不是因為你不好，而是因為你太著急變好

別人圍在一起侃侃而談，意氣風發，你卻僵硬地待立一旁，內心湧起一股自慚形穢感。別人在社交場合中大出風頭，你卻恨不得變成隱形人，羞於提及有關自己的一切。

你有沒有想過，你為什麼會這麼自卑？有位網友這樣解釋道：「當我剝開自己自卑的『外衣』後，才發現所有的所有，都指向一個欲望：變得更好。」

很多時候，我們自卑不是因為我們不好，而是因為我們太渴望、太著急變好。一旦現實與理想產生了衝突，或者說，你的欲望受了挫，你會變得畏縮沉默，再也不敢表現自己。

教育家俞敏洪在一次演講中笑言：「曾經有這麼一個男孩，在大學整整四年沒有談過一次戀愛，沒有參加過一次學生會、班級的幹部競選活動。這個男孩是誰呢？他就是我。」

其實，年輕時候的他出人頭地的欲望十分強烈，卻受困於一顆自卑的心，他說「自己首先就將自己看扁了」。剛剛考進北大的時候，他太想讓自己變得更優秀，於是瘋狂地學習，拚命想要獲得進步。誰料上到大二，他的學習成績非但沒有提升，反而降到全班倒數第五名。到了大三，他越來越鬱悶、沉默，甚至因為太過於焦慮，而大病了一場。

多年後，俞敏洪回憶說：「一個自卑的人，一定比一個狂妄的人還要更加糟糕。因為自卑，所以你就會害怕，你害怕失敗，你害怕別人的眼光，你會覺得周圍的人全是抱著諷刺打擊侮辱你的眼神在看你，因此你不敢去做。所以你用一個本來不應該貶低自己的元素貶低自己，使你失去了勇氣，這個世界上的所有的門，都被關上了。」

心理學家分析說，自卑的人並非沒有欲望，相反，他們心裡「想要變得更好」的欲望強烈到他們自己都無法承受的地步。於是，他們一再急功近利，誰料越是心急，夢想越容易受阻。這個過程中，濃重的陰雲遮住了他們心頭的陽光和眼裡的光芒。

自卑的人首先會將自己想得太差，卻又將目標定得過高，而且恨不得一夜間蛻變成一個光芒萬丈的人。可當現實與理想相差過大的時候，每分每秒都變得如此煎熬恐慌。

太渴望變得更好，反而會讓你失去自我。當你被過剩的欲望所捆綁的時候，你的勇氣會被碾碎，你腦海中所有的奇思妙想都會被榨乾，你的夢想也會變成脆弱的肥皂泡泡，一戳就破。何必太心急？渴望一夜間變好，不如一天天產生變化，不斷向更好的自己靠近。

村上春樹曾說：「年輕人別著急，沒事跑跑步吧！」二十歲時候的他，活得無比艱難、自卑。那時候他債台高築，每個月都需要去償還銀行的巨額貸款。

有一次，他怎麼也湊不到足夠的錢，差點兒無法渡過難關。他太渴望像其他年輕人一樣活得無憂無慮，太渴望變成更好的自己。可他知道，**再著急，路也只能一步步走**。

為了壓抑內心紛雜的欲望和磨煉自己的耐性，村上春樹開始了寫作和長跑。他認真地構思著每一篇文章，筆耕不輟。寫作間隙，他懷著熱切的信念去奔跑，暢快地揮灑著汗水。他不再去想「變得更好」這件事，而是儘量讓自己每一天都過得無比充實。

在網上看到這樣一段話：「你如果太著急，好事會變成壞事，對的會變成錯的。你看太陽升起，不也是一點兒一點兒上升之後才光芒萬丈的嗎？」

變得更好的欲望能促使我們上進，可一旦太過心急，這欲望反而會將我們推入自卑的漩渦。從心理學的角度而言，想要脫離這樣的狀態，就一定要正視你的欲望，同時以坦誠的心去面對你的自卑。當你學會與它們和睦共處，才能讓心態恢復平靜。

同時，你要客觀地去評價自己和別人，知道你們之間的差距，卻不囿於這種差距。**承認別人的優秀，但也不輕易否定自己**，只有端正了心態，才會驅走自卑，迎來自信。

為了建立自信，你可以去做一些擅長的事情。有心理學家曾分析道，對於自卑的人來說，自我鼓勵雖然能起到一定的效果，但並不能根治自卑，不妨去用真實的榮譽和成果來「餵養」自信。選擇一條最適合自己的道路，那份與日俱增的成就感會激勵你更好地堅持下去。

當然，最重要的是，放下焦慮的心態，讓自己的腳步走得慢一點兒，穩一點兒，寧願「螺旋式」地上升，也不要「揠苗助長」。記住，持續的積累和進步才能讓你煥然一新。

如果你也正陷入自卑情緒中，是因為你渴望變成更好的人，這不是一件壞事。只是，一切都不要太過於心急。過度渴望，不擇手段地去追逐，只會讓你越來越狼狽。把時間當作朋友，慢慢去認識自己，腳踏實地去提高自己，終點，就在前方向你招手。

所有的焦慮都是因為你想得過多，卻不去行動

陸劇《歡樂頌》中，前期的邱瑩瑩每逢與朋友們聊天，縱然是開玩笑的語氣，其間也藏著一股焦慮。她羨慕這個，嫉妒那個，總想讓自己變得更好，更優秀，願望卻屢屢落空。

她擔心自己繼續待在上海也沒什麼前途，每天念叨著要去學會計，卻從未看到她付出切實的行動。眼瞧著別人都在努力，她卻藉口自己能力不行。閑下來的時候，她寧願八卦別人的私生活也不願意提升一下自己。失戀了，她也從不反思而是把責任全部推給別人。

大城市裡的年輕人，很多人都活得像邱瑩瑩一樣，迫切地想要找到自己的舞台，從此越活越優秀，越活越精彩。欲望齧噬著他們的內心，焦慮也變成一個「黑洞」，他們越是掙扎便越深陷其中。其實，絕大多數的焦慮都是因為我們想得太多，卻做得太少。

一位心理學家曾接到某網友的私信求助：「我最近焦慮得睡不著覺，目前的工資無法滿足我的生活需求，我想要轉行，想要掙高工資，卻不知道何去何從……」

心理學家問網友是不是最近才開始焦慮，對方反駁說：「當然不是，其實我從畢業開始便已經很焦慮，畢竟身邊到處都是優秀的人，我原本想放棄這份看起來穩定但工資很少的工作去創業，但聽說創業其實很難，立馬打消了這個念頭。我想要提升學歷，一聽要考那麼多門，也嚇到了，就沒準備。我想進私企，但是英語實在不過關，也放棄了……」

心理學家最後分析說，這位網友的問題在於，他在衣食住行方面的欲望越來越高漲，腦海裡各種想法也多，可他卻把時間都花在了對前程的「思考」上，遲遲不去行動。於是，隨著時間的流逝，他所渴望的一切離他越來越遠，最後只剩下了焦慮。

欲望若不能促使我們上進，就會變成鋒利的匕首，深深插在我們內心深處。於是，我們一邊焦慮著什麼時候工資才能漲、什麼時候才能攢夠首付的錢，一邊躺在床上划手機、購物、追劇，就是不肯將時間用來多讀一本書、多學一門專業技能。

我們一邊焦慮地跟閨蜜們討論著變胖了怎麼辦，皮膚變差了怎麼辦，被丈夫嫌棄了怎麼辦，一邊酣暢淋漓地吃著火鍋，就是不肯起身去健身房，享受揮汗如雨的快感。

一味幻想當然比切實付出行動要輕鬆簡單得多。但焦慮只能讓你的人生越過越糟糕，除此之外，它改變不了任何事情。想要的太多而行動太少，是你最大的問題。因此，想要減緩焦慮，就要平衡「想要」和「行動」，努力打造穩固的地基去承接心中的欲望。

那些讓你感到無比焦慮的事，一旦真正地付出行動，你的焦慮慢慢就會減緩很多。拿邱瑩瑩來說，當她真正振作起來後，她焦慮的情緒一掃而空，人生突然變得順利起來。

她去一家咖啡店裡上班，每日兢兢業業、無比認真。為了推銷咖啡，她會在路邊站一天，餓急了，便坐在路邊啃麵包。正因她平日工作過程中十分注意觀察，才想出了一個好點子：開拓網路管道，開一個網店賣公司的咖啡。若是以前，她只會想想，卻懶得付出行動。現在她卻捲起袖子說做就做，第一時間找到直接上司店長進行溝通。

誰料店長興趣寥寥，根本不在意她的想法。邱瑩瑩很不甘心，乾脆大著膽子闖到了大老闆面前，將這個想法告知了對方，令人欣喜的是，大老闆很快便同意了她的想法。之後，邱瑩瑩靠著努力，一步步開起了網店，事業越來越好……

有人說：「正確的選擇，往往不是思考的結果，而恰恰是行動的犒賞。」現實卻是，我們一邊期盼著未來擁有更光鮮亮麗的生活，事業上有更好的發展，一邊沉溺於眼前的歡愉與舒適，同時喋喋不休地將夢想掛在嘴上，行動上卻始終原地踏步。

你所有的迷茫、焦慮、不滿，都是因為你渴望擁有的太多，願意付出的卻太少。與其想一千次一萬次，還不如行動一次。你要做的是將那些你所渴望的所謂的「更好的生活」、「更優秀的自己」變得更立體具象，同時將那些讓你感到焦慮的事情列在一張清單上，逐一去攻克，慢慢去努力。同時，**有條不紊地規劃好**

你的時間，不要被骨子裡的懶散所打敗。儘量減少無效社交與無聊膚淺的娛樂，並將時間和精力都花來提升自己。

另外，應放棄在朋友圈立志，放下種種的抱怨，從身邊的一點一滴做起，專注眼下的每一件事。當你真正展開行動後，你會發現內心的焦慮一掃而空，你想要的一切都在慢慢靠近你。

你知識焦慮了嗎

清晨六點，打開手機裡的學習軟體，戴上耳機，一邊聽英文，一邊腳步匆匆地趕往地鐵站；七點半，在地鐵裡被擠得腳不沾地，眼睛卻緊緊盯著資訊類ＡＰＰ，聚精會神地流覽著資訊；中午休息，一邊吃著便當，一邊又加緊報了幾門網路課程……

某論壇上，有人問道：「你感到知識焦慮了嗎？」

答案五花八門，其中一位心理醫師的回答格外醒目：「所謂的知識焦慮，與馬斯洛定律裡的『自我實現』無關，這其實是欲望膨脹後帶來的一種『被動』焦慮。」

我們所處的時代，是一個資訊爆炸的時代。每一天都有海量資訊通過APP埠傳送到所有人的面前。我們一遍遍領略著世界的豐富多彩，欲望因此有了滋生的土壤。

求知欲使得我們迫切地渴望將更多非我的東西轉變成自我的東西，但網路中無窮無盡非我的知識令現代人承受著越來越多的心理壓力。「知識焦慮症」也因此變得流行起來。

很多心理學家認為，越是渴望一步登天的人，越會表現出「知識焦慮」的傾向。邏輯思維專家羅振宇也曾談到這個問題，他解釋說：「很簡單，（階級）固化了，也沒固化，關鍵的區別在哪裡？就是你有沒有知識，你是不是能夠完成認知升級。知識的爆發性價值有可能是改變你的一生的，最終幫助你完成階層超越。所以，你說我們這代人的知識焦慮能不大嗎？」

可見，急切地想要跨越階級、變成「人上人」的欲望令更多人有了知識焦慮。問題是，我們從未付出足夠的耐心去支撐我們的欲望完美地「落地」，我們焦慮地看著身邊的人變得更好、更優秀，欲望也因此越發膨脹，可行動起來依舊是三天打魚、兩天曬網。

有的心理學家一語中的道：「你那不是焦慮，你是欲望過剩，而又急功近利。」不信，試著觀察你身邊患有「知識焦慮症」的人，是否也有如下表現：

手機裡訂閱的頻道琳琅滿目，收藏的文章達到了幾個G，嘴裡說著先收藏再說，有時間了細細品讀，可真實的情況是那些文章收藏了卻再也沒被打開過……

一時興起恨不得將整個書店裡的書都搬回家，衝動了便花光積蓄去報名參加各種培訓班、訓練營，或者購買線上課程。可真實的情況是，買來的書被扔在角落，連封皮都沒來得及拆開，各種培訓班、訓練營都只參加了前幾節課，之後便不了了之……

一面給自己制訂各種成長計畫，包括考研計畫、讀書計畫、鍛煉計畫、堅持早起等，一面瘋狂打卡，享受著周圍人的點讚與評論。可真實的情況是，有的計畫制訂完便被束之高閣，有的剛執行兩天，中途遇到了困難，你便立馬想到了放棄……

求知的欲望、創造的欲望、想要變得更好的欲望等都沒有錯，問題是，你做什麼都太過於急切，從未深刻認識到「路得一步一步走才扎實，成長得緩慢進階才穩妥」的道理。正如說話達人秀「奇葩說」上，一位選手這樣說道：「你可以一天整成大明星，但不可能一天讀成林徽因。」

聊天型節目「圓桌派」上，一位年輕嘉賓認為現在流行的線上課程很多其實是反知識的：「把需要百分之八十時間學習的知識壓縮成百分之二十的時間，把只需要百分之二十時間講清楚的事情延長到百分之八十時間，用迎合你的漂亮話來塞滿；而學校是正常的教育知識，只有百分之五的時間是在聽講，百分之九十五以上的時間是在練習和做題，是個很艱苦的過程，學校雖然很低效但確實是個能學到知識的地方。」

想要治癒你的「知識焦慮症」，首先，你要改掉急功近利的做派。很多人遇到了不熟悉的領域，不會的知識，第一反應是體會到濃濃的羞恥感。殊不知這世上沒有人是全才，沒有人無所不知。而且，學習不是一天兩天的事，應將它當成一件終身都將持續進行的大事。正如一位著名演員所言：「你要努力，但是不要著急，凡事都應該有過程。」抱著終身學習的態度，持續穩定地去進步，才能撫平那些欲望的喧囂，脫離焦慮的泥沼。

比如，作家馬伯庸就曾介紹了一個讀書的好方法，他說「買書如山倒，讀書如抽絲。」古往今來這麼多好書、這麼多好知識，哪怕一天廿四小時不吃飯不睡覺也學不完，最重要的是我們得知道知識都藏在哪裡，到哪本書上去找，連結得到知識就已經很不錯了。

另外，我們越是焦慮自己的成長速度趕不上別人，越可能「囫圇吞棗」、不加過濾地吸收資訊，導致越來越沒有判斷力。這種情況下，一定要學會升級自己的學習能力，在腦海中形成「知識篩檢程式」。要知道世界每天都在發生變化，每天都有舊的知識被淘汰。所以，你要不斷觀察行業動態，掌握行業發展趨勢，找到更多可信度高的資訊管道。

還有一個好辦法是，建立屬於自己的知識體系。碎片化閱讀可以讓我們充分地利用時間，接觸到各種類型的知識，但前提是你得先架構起一套完整的知識體系，否則容易被各種觀點所影響，變得人云亦云。具體的方法是，先確立一個或幾個明確的探究方向，進行初步瞭解，逐漸形成框架，在往後的歲月中不斷進行填充，聚沙成塔。

焦慮是壓力也是動力，與其逃避，不如迎難而上。我們要努力找到平衡點，在欲望與現實之間搭起一座「橋樑」，穩紮穩打，為變成更好的自己而奮鬥。

真正厲害的人，都懂得接納焦慮，掌控人生節奏

網路曾流傳著一則短片，名為《你的節奏不可以被任何人打亂》。短片一開始，校長站上講台，侃侃而談：「再過兩年，你們就會完成高中學業，再過三年，你們就會到自己想去的國家，上自己想上的大學，再過五年，你們就會開啟自己的職業生涯……」

一個男人突然走上講台，他打斷校長的話，面向學生真誠地說道：「我想告訴您不是這樣的，有的人廿一歲畢業，到廿七歲才找到工作；有的人廿五歲畢

業，卻馬上找到了工作；有的人沒上過大學，卻在十八歲就找到了熱愛的事；有的人一畢業就找到了好工作，賺很多錢，卻過得不開心；有的人選擇間隔幾年去尋找自己的目標……我想說的是，人生中每一件事都取決於我們自己的時間，你身邊有些朋友或許遙遙領先於你，或許落後於你，但凡事都有它自己的節奏，耐心一點兒。」

迫切想要實現的欲望一定會帶來焦慮，也一定會擾亂你的人生節奏。什麼時候工作、婚嫁、生育等問題，讓生活變成了一場百米賽跑，為了不落於人後，為了不出局，我們無比焦慮、迷茫地向前跑去，跑得上氣不接下氣，卻看不清目的地在哪裡。

遲早有一天，你會因為自身精力耗盡，或者闖入一個死胡同而停下來，這時候卻發現周邊的一切都不是你喜歡的。原來你一路拚死拚活爭取的，並不是心中最想得到的東西。

越是焦慮，越會擾亂我們內心的秩序，這也導致我們的生活越發混亂失序。而在心理專家看來，正是以下幾點原因讓越來越多的年輕人守不住自己的節奏，敗於焦慮：

‧粗暴定制目標。「一個月內我要瘦下三十斤」、「我要在一年內升任管理層」、「廿五歲之前，我一定要買車買房」……過高的目標或者過短的奮鬥時間，完全不具備可行性。

‧過於悲觀。很多年輕人習慣了負面思維模式，還未付出行動，卻臆想出各種悲觀結果。

‧對網路資訊失去分辨力。被網路輿論所影響，別人一「帶節奏」，便熱烈地響應。

‧身邊即世界。照搬別人的人生模式，被別人的節奏牽著鼻子走。

‧對自我缺乏足夠的瞭解。對自己的真正需要不清晰，這才導致患得患失。

人是由欲望推動向前的，但過度的欲望卻擾亂人的腳步，讓人原地踏步甚至步步倒退。比如，那些被欲望折磨得越來越焦慮的人總將目光放在別人身上，卻很少關注自身的成長。這樣的人遲早會被負能量所吞噬。殊不知，那些真正厲害的人都能將欲望控制在一個合理的範圍內，他們知道如何和焦慮和睦相處，更擅長尋找屬於自己的人生節奏。

那麼，如何去找準自己的節奏呢？你必須先把現階段的事情處理好，努力去打造自己人生的厚度。身邊很多年輕人還沒走出校門，或者剛剛踏入職場，便夢想著去創業，夢想年少成名。其實，唯有先踏實做好手頭的工作，讓自己的人生先有密度、厚度，才能順其自然地到達想要的高度。一味好高騖遠不叫擁有自己的節奏，叫敗於自己的欲望。

值得注意的是，雖然我們不必跟隨他人的節奏，但我們完全可以去尋求那些真正優秀的人的幫助，找到屬於自己的節奏。而這也是擺脫焦慮情緒的方法之一，即承認自己的普通，不必事事強裝堅強，有必要時勇敢地向他人展示自我脆弱的一面。

與此同時，如果有幸與一些意志堅定、精神世界豐富並且對自己的人生有著長遠規劃的人同行，你要不遺餘力地向他們學習，盡可能地向對方請教更多人生經驗。

想要找準自己的節奏，你需要時不時地同自己的內心對話，耐心地傾聽自我心聲。你更要抱著審視的目光去看待自己的生活與工作，經常思考，不抗拒嘗試……

或許你也曾讓自己活成「欲望的奴隸」，一路漫無目的地奔跑前行，同時被那股焦灼感折磨得輾轉反側、坐立不安。可當你發現自己內在的節奏，並自信地按照自己的節奏去生活的時候，你便會發現原來生活是這麼美好，連呼吸都是甜美的。

當你親手奏響屬於自己的樂章，你便找到了擺脫彷徨、焦慮情緒的解藥。這也預示著你真正變得成熟，你蛻變成了一個真正強大而優秀的人。

運用「渴望力」，戰勝焦慮情緒

心理學家發現，治癒焦慮最有效的辦法之一莫過於挖掘自己的極度渴望。比如，你極度渴望獲得成功，渴望獲得愛或者是認同感，只要你向著一個清晰的目標，持續付出行動，你會發現，奮鬥的過程中你彷彿被「洗腦」了，全身充滿著使不完的動力。

然而，很多人對「渴望力」缺乏足夠的認識，其實，它能帶給你的影響遠遠超出你的想像。網路上一則名為《你到底對你想要的有多渴望》的影片得到很多網友的轉發。

影片說了這樣一個故事：一個年輕人非常渴望擁有財富，所以他找到當地最有錢的那位老人，並直白地對老人說：「我想變得和你一樣富有。」老人點點頭，對他說：「如果你想變得像我一樣有錢，明天凌晨四點來沙灘見我，我會在那裡等你。」

見年輕人遲疑的樣子，老人又重複了一遍。第二天，年輕人如約而至。老人早已等候在沙灘邊，他示意年輕人走到水裡。年輕人皺著眉，一邊頻頻回望老人，一邊向水中走去。

他越走越遠，水也越來越深。終於，年輕人抓狂了：「我是想掙錢，不是想游泳，這裡沒有救生員，我不想掙錢了！」老人卻提示他：「別回頭，看看你的前方，看遠點兒。」

年輕人看向遠處，老人卻又讓他看向附近，年輕人只感覺自己像被拋棄在這地方。老人讓年輕人將頭埋入海水中，年輕人將信將疑，最後還是服從了老人的命令。

快要窒息的時候，一雙有力的大手將他拉出水面。年輕人睜開眼睛，只聽老人不疾不徐地問道：「剛才在水下面，你腦子裡想的是什麼？」年輕人驚慌失措道：「我什麼也沒想，只想呼吸。」老人微笑，說：「當你像渴望呼吸一樣渴望成功的時候，你就會成功。」

現代人的焦慮，百分之九十九都來自「只空想不行動」。為什麼不願意付出行動？這個問題一定會引出很多藉口：「實在沒有時間去實施計畫，等時機成熟了我一定會行動。」「我恐懼改變，所以不敢輕舉妄動。」「我是個完美主義者，太害怕失敗了。」……

說到底，還是因為內心不夠渴望。如果你真的渴望到了一定的地步，你就會無所畏懼地去做。當你真正付出行動的時候，你心裡只會充溢著冒險的欣喜，而不是焦慮與恐懼。

然而，現實生活中，很多人為了擺脫焦慮情緒，乾脆逼迫自己看破紅塵，並美其名曰「不以物喜，不以己悲」。這無異於從一個極端走向了另一個極端。人最可怕的，其實正是無欲無求的狀態。

說白了，絕大部分的「佛系青年」並不是不想「吃肉」，只是不想付出勞動。所以他們才告訴自己：「別說肉了，我連飯都不想吃。」他們蜷縮在原地，將日子過得越來越頹廢。

維克多・弗蘭克爾是一位心理醫生，他曾在自己的著作《活出生命的意義》中記錄了一個故事。「二戰」時，維克多被送到了集中營裡。他發現很多囚徒在法西斯殘酷的折磨下會喪失生存的意志，選擇自殺。想要挽救他們，就必須設法點燃他們心中的欲望。

比如，他們中有兩個囚徒生存意志最為堅強，其中一個囚犯有個極為寵愛的孩子，後者令他牽腸掛肚；另外一名囚犯是一位科學家，他正在撰寫一部著作，但目前還沒有完成。正是因為他們心中有目標、有責任、有欲望，才能頑強穿越那些苦難的歲月。

這也正印證了渴望的力量。而沒有欲望的人生，跟鹹魚毫無分別。你要明白，壓制欲望，並不能讓我們的內心真正平靜下來。當你原地踏步的時候，你的負面情緒看似被剿滅，可一旦遇到了合適的時機，它卻會一遍遍「死灰復燃」，甚至越燃越旺，最終摧毀你的人生。

與其過濾欲望，倒不如找到心中最想實現的目標，將「渴望力」發揮至極致。你有多渴望，就有多高效。那種無與倫比的專注力讓你無暇顧及其他事情，只一心朝著目標前進。

正如《你到底對你想要的有多渴望》這則影片中，老人最後說道：「當你像渴望呼吸一樣渴望成功的時候，你就會成功。你唯一想要做的事情就是獲得一些空氣，你不會在乎一場籃球比賽，你不會管電視在播放什麼，你不會在乎沒人給你打電話，你不會想著去參加什麼派對，當你渴望呼吸的時候，你唯一在乎的一件事，就是得到一點兒空氣，就這麼多。」

你有多渴望，就有多強的執行力。你將認識到「等」是這世界上最容易欺騙人的一個字，你也將見識到將「堅持」二字貫徹到底，究竟會煥發出怎樣的魔力。

那首叫作《渴望就是力量》的歌這樣唱道：「傾聽內心的渴望，衝破夢想的邊緣，是年輕的力量；飛向飛向那天籟，靠近你我的渴望，衝破世界的邊緣，是生命的力量……」你有多渴望，就能獲得多大的成功。聽從內心的召喚，運用渴望的力量去行走四方！

找準人生的座標，不必執著於「更好」二字

著名心理學家武志紅曾說：「很多時候，我們的焦慮並非真的是遇到了什麼過不去的坎，而是認知出現了異常。」而在現實生活中，人們常常會犯的一個認知上的偏差在於：認不清自己的位置，找不準自己的人生座標，同時對「更好」二字懷有執念。

當然，想變得更好從來都是一件無可厚非的事。但在未找準人生定位的前提下，過分執著於變得「更好」，卻只會讓我們陷入疲憊和焦慮中，令我們頻頻懷

疑自己。

「奇葩說」中，一位選手在某次發言中提到，她是一個很有上進心的人，無論她之前表現得有多好她都不滿足，每次上場前，她都一心想表現得更好、更優秀一點兒。可也正是這種沒有止境的上進心將她拖入了泥潭。哪怕她成功奪下亞軍的寶座，她依舊覺得恐慌、焦慮。

焦慮令她迷失了自我，她試圖改變辯論風格去討好觀眾，可越是用力過猛，得到的掌聲卻越少。最後，她非但沒有變得更好，反而慢慢失去了自己的特色。

正如上進心沒有盡頭，「更好」也是沒有終點的。如果你不允許自己失敗，同時將自己的目標設置為「一次比一次好」，就一定會經歷一段無比艱辛、痛苦的欲望之旅。

只因，一旦打開了欲望的大門，戴上那頂名為「變得更好」的緊箍咒，你就會變得越來越迷茫、空虛。欲望會蒙蔽你的雙眼，讓你在錯誤道路上越走越遠。

你身邊的人包括你自己極有可能會將你的失敗歸結為你還不夠努力、不夠上進，實際上，如果你能收回對「更好」二字的執念，以更從容的心態去奔跑，或許一切都會簡單得多。

魯豫曾採訪劉翔，她提起二〇〇四年劉翔在雅典奧運會上一舉奪冠的那一刻，並滿懷深意地問道：「是不是所有勝利的快樂都遠遠比失利的痛苦要短？」

劉翔笑得無奈：「也就那麼幾天就過去了，我還是以前的我，我開始想：『我已經是上屆冠軍了，我該怎麼辦？』」他以「更高更快更強」的標準要求自己，大眾也這樣看待他。

結果，之後的北京奧運會，劉翔因傷退賽，引來很多人的不滿和謾罵。而他自己也過不了內心的這一關。他遲遲走不出失利的陰影，就此沉寂了很久。

當我們在欲望的驅使下，毫無限度地去挑戰極限時，除了會將自己逼入負面情緒的漩渦，也更容易讓自己失去人生的座標。這時候，你心心念念的成功反而會離你越來越遠。

沒有人能在「更好」的道路上一直昂首向前，前進到底。只要是人，就會疲憊，會失敗，會擁有局限。與其透支精力和體力，不計一切地追求成功，不如以更坦然的態度去面對人生的順境和逆境，並依據自己的狀態隨時調整目標，一路行走一路積累一路珍惜。

武志紅強調說，認知上的偏差帶來的焦慮一旦過了頭，會讓我們變得草木皆兵，變得煩躁、易怒、疲憊、虛弱和無助。想要擺脫這種狀態，不妨採取貝克的認知心理療法。該療法的基本理念是：通過改變認知來改變我們的主觀感受，從而改變我們的行為。

首先，你要認識到，到達一個極限後，你很難做到一次比一次好，只能每一次都盡可能做到最好。因為人的狀態有高有低，每一次出發前，你都要客觀冷靜地分析自己及競爭對手所處的位置，對最後的結果有一個預判。這能極大減輕你的焦慮情緒，讓你的心態變得平和。

當然，無論你的預判結果夠不夠理想，你都要不顧一切地去奮鬥，為取得最好的結果而拚盡全力。當你經歷了一場酣暢淋漓的競爭，且在這一過程中將自己的能力和潛力都發揮得淋漓盡致時，哪怕最後的結果不盡如人意，你心裡也不會有很多遺憾。

最關鍵的是，你要找準自己的目標，找對發力點，才不會讓自己的努力白費。很多人嘔心瀝血地去追求更好的自己，實際上他們連人生的目標和定位都沒弄清楚，就盲目地去努力，結果越是「使勁」越是焦慮，越是專注，生活卻變得越發糟糕。

諾貝爾化學獎獲得者奧托・瓦拉赫剛開始讀中學時，父母傾向於讓他走上文學之路。雖然他學得格外努力，成績卻很不理想。後來，他又改學油畫，一學期過去了，他的成績在班上是倒數第一。所有人對他都很失望，唯有他的化學老師很看好他，建議他試學化學。找準了人生定位後，奧托・瓦拉赫剛的天賦被點燃，他的努力很快就收穫了回報。

無論你想要變得更好的欲望有多炙熱，你都要保持冷靜。在起跑的一開始，先找到屬於自己的位置，按部就班地朝前飛奔。不要被那無窮無盡的上進心框限住腳步，只求每一趟旅程都能跑得酣暢淋漓，痛快無比。唯有這樣，才能徹底治癒你的焦慮。

「變得更好」這件事和受苦沒有必然的關係

某心理諮詢師在個人微博上說，這麼多年來讓他印象最深刻的一位來訪者是一位女子。她面容姣好，裝扮精緻，一舉一動都盡顯精英氣質。然而，她坐下來第一句話卻是：「我真的很討厭我自己。」深入交流後才發現，她一路走來都懷抱著一種苦大仇深的心態。

曾經的她，肥胖、自卑，是個不折不扣的醜小鴨。是想要變得更好的夢想給了她無窮的動力，卻也帶給了她無限的痛苦。她最後確實成功逆襲了，心性卻也變得越發敏感脆弱。無論是在職場上，還是在親密關係中，她心裡都充滿不被肯定的恐懼，動不動就情緒失控。

精神分析學認為，欲望雖然催人奮發向上，但也會給人帶來一種負罪感。只要有欲望，就一定會經受負罪感的折磨。為了減輕負罪感，我們會在實現欲望的旅途中有意無意地給自己施壓，甚至不斷折磨自己。哪怕夢想變成現實，我們真的取得了令人豔羨的成就，卻也無法真正從中得到快樂，或者充分享受這榮耀，反而會變得越來越恐懼焦慮。

只因我們在潛意識裡將「受苦」與欲望之間畫上了等號。彷彿只有吃盡苦頭，才能實現欲望；只有保持苦大仇深的狀態，才能讓這輝煌延續。原本成長的過程就一定是充滿挫折與坎坷的，很少有人能一帆風順地實現夢想。可光是抵禦來自外界的打擊還不夠，我們還要接受自我心靈上的壓迫與折磨。長此以往，很難保證我們的心理狀態不出問題。

很多心理學家指出，採取這種信念模式去打拚事業，確實能取得事半功倍的效果，但與此同時，它又會對人的心理健康造成威脅。比如，你永遠會覺得自己不夠好，覺得自己對自己不夠狠。如果你不夠愛自己，在人際交往方面也很難信任別人。若你很難在人際關係中獲得愉快舒適的感覺，內心的焦慮、痛苦便更難以紓解。這無異於一種惡性循環。

對此，心理學家武志紅解釋道：「內疚是對自己的攻擊，當他們想完全消滅掉這種自我攻擊時，他們就將其變成了向外的攻擊。他們越是拚命滿足自己的需要，罪惡感就越強，這時他們對別人的攻擊性就越強。」總而言之，是欲望帶來的內疚感、負罪感讓你逐步走向了極端。所以，武志紅才一再強調：「你要堅信你的欲望不是罪。」

當你擺脫了濃濃的負罪感，那一刻，你會豁然開朗，原來「變得更好」這件事與吃苦並沒有必然的聯繫。既然如此，為何不去尋找一種讓自己更舒服的成長方式呢？

印度電影《三個傻瓜》中，法罕、拉加和蘭徹是同寢室的大學同學。法罕和拉加在學習上很努力，每日起得很早去背書，課堂上也一絲不苟地記筆記。儘管如此，他們的成績卻始終處於倒數。法罕和拉加迫切地想要變得優秀，甚至求神告佛以期自己考試通過。

認識蘭徹前，法罕和拉加過得苦大仇深。而蘭徹卻是快樂學習的代表，他抗拒死記硬背，總是親自動手鑽研以激發自己對知識的興趣。他雖然腦子裡無時無刻不在思考，卻並不會將所有的時間都花在學習上。他情感豐沛，願意關注生活中的人和事，嚮往愛情，珍惜友誼。在蘭徹的影響下，法罕和拉加也變得開朗了不少。後來，三人都取得了很高的成就。

想要實現欲望，當然得付出代價。但這並不意味著你就要將自己的人生劇本設定為一齣「苦情戲」。你不必花太多時間在「內耗」上，不必太過於關注他人對自己的評價。你不必時時刻刻地向自己施壓，讓自己一直處於緊繃狀態。不妨為自己「減減負」，讓自己的內心世界保持輕盈狀態，用更樂觀、柔軟卻又堅韌的態度去面對苦難。

想要放鬆心情，先放鬆自己的身體。不如來做一個小練習：讓自己身處靜謐的環境中，閉上眼睛，感知自己的身體，看看哪個部位會產生不舒服的感覺。很多人在做這個練習的時候常常不自覺地哭了起來。只因過往他們對待自己太嚴厲，從未過多關注過自己的身體。等他們真正安靜下來去感知自己的身體時，很多隱藏起來的負面情緒便一股腦爆發出來。

另外，無論每天有多忙多累，都要勻出一點時間和自己相處，清空腦袋，排空壓力。赤腳踩在草地上，沐浴著陽光，感受這靜謐的時光。或者坐在乾淨的地板上，喝一杯紅酒，聽一首音樂，內心的罪惡感、不安全感會隨著這個練習逐漸淡化。

如果在實現願景的旅途中，你已吃了太多苦，承受了太多來自外界的壓力，為何還要在心理上壓迫自己？你要明白，並不是所有的「苦」都能讓你成長。

很多人為的苦其實是沒必要的。而每一個備感壓抑的當下累積起來，只會讓你抵達一個升級版的愁雲慘澹的未來。所以，你要想法離開這種不斷內耗、傷人傷己的受苦狀態，去尋回輕盈柔軟的生活姿態，它能讓你毫不費力地抵達想要的未來。

接納自己的「不好」，與自我和解

美國專業的心理治療臨床醫生蒂姆・德斯蒙德在其著作《與真實的自己和解》中指出，人需要「自我同情」。**如果無法接納自己的「不好」，終身都會活在自我折磨中**。

電影《無問西東》中，女主角王敏佳的故事令很多人深受觸動。當年，王敏佳得到了一個為主席獻花的機會，但那天她實在太緊張了，以至於突然病倒，在最後關頭被另一位女孩所替代。在那個特殊的年代，為主席獻花，和主席合影，堪稱巨大的榮耀。

王敏佳一直夢想能出人頭地，可她萬萬想不到自己竟會錯失這個出人頭地的機會。她一直對此耿耿於懷，哪怕事情已過去許多年，她都無法接受這個事實。可以說，王敏佳那麼多年來一直是活在對自己的一種強烈恨意中的。她怨恨自己抓不住那個機會，怨恨自己的不完美。而悲劇的源頭，正在於她內心深處那股迫切的欲望。

心理專家分析說，幾乎每個人都夢想能變得更好，夢想能超越庸眾。這背後固然有人心的貪欲在作祟，但根本原因還是在於我們討厭平庸，討厭拮据的生活。更深一步分析，你會發現，你其實討厭的是平庸的自己，和過著拮据、灰頭土臉生活的自己。

換句話說，我們每個人在內心深處，或多或少都在為自己的不完美感到自卑，乃至隱隱地怨恨自己、看不起自己。不妨捫心自問：你對現在的你感到滿意嗎？還是說討厭更多？

人生旅途中，我們會對自我產生很多評價，大多數人都是以負面評價居多。這深深阻礙了我們內心的和諧與統一，甚至對我們的人生走向產生諸多負面影響。

人若無法心平氣和地去感知真實的自我，始終無法接納自己的「不好」，始終無法與自我和解，就會任由欲望侵蝕理智，一刻不停地折騰自己、折磨自己。而抑鬱症、焦慮症、強迫症、恐懼症等各種心理問題正是自我折磨的典型表現。

若能對自我產生同情心，躁動的內心會逐漸變得平靜下來。所謂的「自我同情」並非自怨自艾、自我批判，或自我放縱，更不是妄自尊大、以自我為中心。它是在鼓勵你化身為自己的靈魂導師，在認清自身局限的同時，客觀評價自己的優點、潛力，積極地指引自己走出失敗的陰影，充分享受生活中美好、燦爛的一面。

做到「自我同情」的第一步是放棄「自我批判」。成長過程中，我們耳邊一定充斥著各種批評、打壓的聲音。對於那些性格內向、脆弱的人來說，那些聲音甚至已內化到他們自身。導致他們每做一件事前，都會不自覺地自我批判一番。

很多人因此壓力過大而發揮失常。這之後，身邊那些失望的眼神、批評的聲音又會讓他們陷入更深的自我否定中，並產生更極端的自我批評。比如，「他不喜歡我，只能說明我一無是處，不配人愛」、「我太差勁了，連ＰＰＴ都做不好，註定會失敗」、「我又考砸了，整個人生都完了」……這種以偏概全式的負面思維方式，會讓人變得越發悲觀抑鬱。

就像自卑的人往往是一個擁有強烈自尊心的人。對自己批判得越厲害的人，往往出人頭地的欲望要比常人強烈得多。唯有認識到這一點，你才能更順利地同自己的身體心理感受做連接，這樣你在進行自我批判的時候，便能第一時間發現、制止並安慰自己：「事情進行得不順利，是因為我太急切了，看淡點，失敗一次算什麼，完全影響不了我的未來。」

「自我同情」，更意味著你要無條件地接納自己的普通與平凡。你能以更平和的心態甚至充滿自信地去看待自己外貌上的瑕疵和天賦上的不足，以及能力上的短板。

義大利著名影星索菲亞・羅蘭剛入行時，很多人在背後對她的外貌指指點點。說她不夠漂亮，說她鼻子太長不協調，說她臀部太大，影響美觀。

後來，一位導演當面對羅蘭說，希望她能在外貌上稍做調整。羅蘭卻一口回絕，並自信地表示，雖然她長得不夠完美，但正是這些不完美加起來，才造就了她的與眾不同。

年輕作家蔣方舟曾坦言，從小，她就被賦予了天才作家的光環。這個光環帶給她諸多好處，卻也曾將她逼進抑鬱的角落。直到她卸下這道光環，承認自己就是一個普通而平凡的女孩時，曾經的種種糾結、痛苦的情緒消失了，她的心漸漸平靜下來。

《德米安：彷徨少年時》一書裡說道：「**對每個人而言，真正的職責只有一個：找到自我。他的職責只是找到自己的命運，而不是他人的命運，然後在心中堅守其一生，全心全意，永不停息。**」你要理解自身情緒的來源，在成長的過程中，不斷給予自己認可和支持。你要學會接納和善待自己，無論是優勢還是短板，甚至種種瑕疵之處。如此，命運才會眷顧你。

迷茫是因為你的才華還撐不起你的野心

有位網友問道：「當你的能力撐不起自己的野心時，應該怎麼辦？」有人回答道：「莫言說過，當你的才華還撐不起你的野心的時候，你就應該靜下心來學習；當你的能力還駕馭不了目標時，就應該沉下心來，歷練。」

《不是每個故事都有結局》這本書中有一句很經典的話：「人生最大的痛苦，大多來源於能力配不上野心，自己配不上欲望。」從馬斯洛需求層次理論角度而言，人是欲望的動物，無論處在哪一階級，人都逃脫不了欲望的捆綁。而同一個人在不同的階段也會產生不同的欲望。

然而，當你的才華配不上夢想，你的能力駕馭不了這日益高漲的欲望時，你不由對自己產生了深深的懷疑，周圍環境帶給你的焦慮感也幾乎要壓垮你的意志。想要自如支配自己的野心，就努力打造自己的底氣；想要豪氣十足地為夢想買單，就不斷磨煉自己的能力。

韓劇《未生》的男主角張格萊原本是一個很驕傲倔強的人，他從小學習圍棋，後因家庭變故主動放棄圍棋，轉而進入大公司實習，就此開啟了自己的職業生涯。

然而，入職還沒多久，現實狠狠擊碎了張格萊的驕傲。他學歷低，年紀大，什麼技能也不會，四處遭受白眼和嘲諷。幸好，張格萊很快認識到，正因自己基礎差，才要付出比別人多幾倍的努力，這樣他才有希望去逐步實現夢想。一開始，他不知道該向哪個方向努力，乾脆將公司的電話簿背了下來，只要有人需要，立馬為別人撥通電話。

上司原本很嫌棄他，對他百般挑剔。張格萊毫不氣餒，他花了三天時間背完一整本外貿詞彙詞典，對於上司交代的工作，哪怕再小的事情也會一絲不苟地去完成。這讓上司對他刮目相看。張格萊努力為自己爭取著機會，不出兩年便在公司裡大放異彩……

試著觀察身邊那些真正努力的人，你很少能看到他們臉上出現迷茫焦慮的神色，他們似乎永遠都是那副樂觀積極的模樣，隨時能打起十二分的精神投入工作中去。

而很多飽受焦慮折磨的人總是一邊大肆談論理想與野心，一邊沉溺於享樂中，間歇性躊躇滿志，持續性混吃等死。他們才華不夠，脾氣倒不小；欲望很多，卻懶得付出努力。

《哈佛大學圖書館館訓》中說：「**你所浪費的今天，是昨天死去的人奢望的明天；你所厭惡的現在，是未來的你回不去的曾經。**」這個世界從不缺乏野心家，而持續付出努力去實踐野心的人卻寥寥無幾。當你覺得迷茫時，別問路在何方，只管堅定不移地大步向前走，勇敢地穿越荊棘，穿越黑暗，遲早有一天你會身披霞光，自信地走入光芒萬丈的未來。

有個成塊公式，「$1.01^{365}=37.78$，$0.99^{365}=0.03$」。人們總會在這個公式後面加上一個注釋：「積跬步以至千里，積怠惰以至深淵。」

這兩個等式分別計算了一．○一的三六五次方和○．九九的三六五次方，一．○一和○．九九表面看起來只有○．○二的差距，可分別與三六五乘方後，結果卻天差地別。有心理學家解釋說，數字一指的是一天，一．○一指的是每天多做一點兒，○・九九指的是每天少做一點兒。一年一共三六五天，每天只多做或者少做那麼一點點，當時看不出差距，一年後，卻不可同日而語。

如果你不知如何從當下這種迷茫焦慮的狀態中脫身，不妨花點時間去整理手頭的工作，**給自己定下一個小目標：能力範圍內，每天都比昨天進步一點點**。

時間是最公平的裁判。只要你今天能比昨天進步一點點，更充實一點點，時間久了，你會沉醉於這種不斷遞進的滿足感中，再也沒有多餘的時間去長吁短歎、怨天尤人。這便是「量化」的力量，只要堅持三六五天，你便能見到一個脫胎換骨的自己。

現實生活中，還存在一種情況：迷茫不是因為不夠努力，相反，越努力越迷茫，因為遲遲看不到成效。日劇《重版出來》中有這樣一個情節：沼田給一位著名漫畫家當助手整整二十年，後來漫畫家又招聘了一位新人助手，對方是個桀驁不馴卻擁有驚人才華的年輕人。

沼田看到新人助手的畫稿，內心又自卑又嫉妒，出於這種心理，他故意弄髒對方的畫稿。可等看完新人助手的所有作品後，他心裡卻充滿了感動。那一刻，他回望一路走來的點點滴滴，並重新審視起自己的人生。深思熟慮後，沼田決定放棄自己的漫畫家夢想。

沼田的決定雖然可惜但值得理解，只因這個世界上有些事情若缺少天賦真的很難做到，此時，及時止損便成了一個明智的選擇。當然，前提是你真正毫無懈怠地拚過、闖過。

任何欲望的實現，都需要能力的支撐。不要只把野心、夢想等掛在嘴邊，立志再多也不過是浮雲。努力朝前邁進，只要每天都比昨天進步一點點，早晚有一天你會超越別人一大截。

當然，努力並非標量，而是向量，它有大小，也有方向。有些夢想，儘管全力以赴地去拚搏依舊難以實現，這時候，唯有找到真正適合自己的道路，才能吹散心中的陰霾。

第三章　過度的物質欲望，帶來精神的極度空虛

控制不住的「買買買」，瘋狂購物背後的心理學

每年雙十一，都會響起一片哀號。有人說：「信用卡額度又要被刷光了，我要剁手！」有人說：「誰也別勸我，我要刪除購物APP！」……

對此，心理學家分析道，與其說商家是在銷售商品，不如說他們是在銷售欲望。商家基本會採取這樣的策略：先放大你的欲望，再不斷施加新的欲望給你。

那些精美的「賣家秀」，讓人眼花繚亂的廣告，其實是在將你的欲望和商家

的商品與服務建立關聯。當你一次又一次屈服於物質欲望，意味著你越陷越深。

電影《一個購物狂的自白》中的主人公麗蓓嘉曾無奈地說：「女人天生是購物狂。」她是一名財經記者，儘管已經工作了好幾年，她卻沒能攢下一分錢存款，反而因為瘋狂購物欠下很多債務。她靠購物來發洩工作中的壓力，本著「只要喜歡，不買可惜」的原則，她一再衝動消費，甚至花了一萬多美元買下了自己根本不需要的潛水用具。

信用卡催款單如雪片般飛來，眼瞧著生活之塔搖搖欲墜，麗蓓嘉慌忙將自己的信用卡冰凍了起來。結果，被購物欲淹沒的她竟然砸開了冰塊，取出信用卡後開始了又一輪的大買特買。短暫的快樂後，她卻欲哭無淚，內心湧起無限的空虛感。

這是一個物欲橫流的時代，每個人都裹挾其中。以佛洛伊德的觀點來看，衝動購買行為之所以頻頻發生是因為人的欲望戰勝了人的自律能力。

ＢＢＣ出品的系列紀錄片《無節制消費的元兇》亦揭露，「買買買」是人的從眾心理和補償心理在作祟。商家編織了一套「購買帶來高級」的謊言，引得無數人趨之若鶩。同時，為了彌補生活中的種種不如意，為自己帶來更多快樂，我們越發瘋狂地去購物。

殊不知，物欲是一個無底洞，你買得越多，內心卻越得不到滿足，而且越來越難以收穫快樂。生活中，那些真正的購物狂都有著如下特點：

信用卡被刷爆；欠下的網貸越「滾」越多；荷包空空，積蓄為零；因為控制不住欲望，生活、工作、愛情屢屢陷入危機之中……

「買買買」除了讓我們的經濟壓力陡增，同時也為我們增添了很多心理負擔。當我們被物欲牽著鼻子走時，我們嘴裡談論的都是這款大牌衣服、那款名牌包包，精神的成長與滿足卻被拋到腦後。可縱然每日疲於奔命，也跟不上「心願清單」的更新速度。

好萊塢影星利奧·羅斯頓在自己的遺言中這樣說道：「**你的身軀很龐大，但是你的生命需要的僅僅是一顆心臟。多餘的脂肪會壓迫人的心臟，多餘的財富會拖累人的心靈，多餘的追逐、多餘的幻想只會增加一個人生命的負擔。**」

仔細想想，很多「非買不可」的物品，你真的需要它們嗎？打折時買的那件襯衫，仍然掛在衣櫃的角落，你一次都沒有穿過；湊單買的零食，快要過期還未拆封；跟風買的護膚品擠滿了梳粧檯，你卻懶得去使用。身邊堆積著的物品越來越多，你卻來不及去消化掉。

戲劇《我的前半生》中，女主角羅子君剛開始給觀眾留下這樣的印象：擁有強烈的物質欲望，精神世界卻一片貧瘠。離婚前的她，無比熱衷於逛街、購物，甚至眼也不眨地花好幾萬元買一雙鞋。離婚後的她，終於從無窮無盡的欲望中脫身而出。她確定了自身的成長目標，並將欲望轉化成強烈的事業心，而她的轉變無疑讓觀眾眼前一亮。

被購物欲所綁架的人，往往只能光鮮一時，之後卻越活越狼狽。如果你也正深陷欲望的泥沼，不妨參考如下意見去控制自己的剁手行為：

・購物前列好清單，永遠只買對的。一邁入超市、商場，我們一定會被各類促銷資訊所吸引，並大肆搶購一些便宜物品，總以為錯過就是吃虧。殊不知，花了更多錢不說，還買了很多根本用不上的物品。不妨在購物之前，先做好預算，列好清單。看到打折資訊，只要這件物品不在你的購物清單上，就請目不斜視地走過去。

• 準備一個記帳本，嘗試記帳。很多年輕人都不知道自己的錢究竟花在了什麼地方。不妨在記帳本上記下自己每一筆收入與支出，幫助自己養成精打細算的習慣。

某部電影中有這樣一句經典台詞：「**人的一生，其實是和自己的欲望相處的過程。**」被欲望俘虜的你，花明天的錢去享受，那副貪婪的樣子，要多難看就有多難看。只有不停地同自己氾濫的物欲做鬥爭，才能改變自己的生活狀態，才能活得神清氣爽。

警惕「狄德羅效應」，不為透支的欲望付出高額代價

你是否也有過這樣的體驗：抱著購買一件上衣的想法走入商場，連續逛了幾小時後，你拎著重重的購物袋擠在人群中，想起下個月的帳單便頭疼不已；明明只想買一塊砧板，卻不停地在購物車裡加入各種廚具用品，點了付款後卻後悔不

已……

心理學上有一個專業名詞叫作「狄德羅效應」，它映照著人們內心永遠無法滿足的欲望黑洞。「狄德羅效應」同時告訴我們，影響個人選擇的並不是事物本身的特質，而是個人賦予事物的定義。正因人們被物欲所支配，衝動性消費才會一再上演。

「狄德羅效應」來源於一個小故事：法國哲學家鄧尼斯・狄德羅有一天收到了朋友送來的一件睡袍。狄德羅對那件華美的睡袍愛不釋手，他將其穿在身上，在屋裡走來走去，不斷在鏡子面前欣賞著自己的「英姿」。慢慢地，他的目光被屋裡那些破敗的傢俱所吸引。

在狄德羅看來，這些傢俱太舊，顏色又過了時，實在配不上身上這件睡袍。他衝動之下，跑去商店重新訂購了一批傢俱。當家中擺滿新傢俱後，狄德羅感到很滿意，自覺周圍的環境很符合睡袍的檔次。可激情消退後，他卻越想越不是滋味，深深懷疑自己被一件睡袍「脅迫」了。後來，狄德羅將自己的感受寫進一篇文章中，即《與舊睡袍告別之後的煩惱》。

兩百年後，美國哈佛大學經濟學家茱麗葉・施羅爾在自己的著作《過度消費的美國人》中提出「狄德羅效應」這個新概念，又稱為「配套效應」。指的是人們在獲得一件新物品後，只有接二連三地擁有新物品，與最開始的那件物品配置成套，或者達到所謂的「完美組合」，才能獲得心理上的平衡。

生活中，「狄德羅效應」無處不在。逛街的時候看到一雙心儀的手套，衝動地買下後，發現沒有合適的衣服、包包與其搭配，於是又耗時耗力地購買衣服、包包、鞋子、頭飾，最後乾脆換了一款新髮型。從裡到外配置一新後，那些喧囂的欲望才平靜下來。

買了房子後，要費盡心思地裝修。購入一個很漂亮的衣櫃，便用更高檔的地板、更絢麗的地毯去相配。客廳明亮大氣，怎麼能沒有品質上乘的電視櫃、沙發和座椅？

在「狄德羅效應」的影響下，「超前消費」變得越來越流行。一位網友發帖問：「女朋友在網路購物欠款累計大概一萬六千元，我作為她男朋友該怎麼幫她？」看完所有的回答，你會發現，無底線的超前消費，會將一個原本樂觀積極的人推入深淵。無節制超前消費的人像沾染上了毒癮，在僥倖度日的同時，於泥潭中越陷越深。

在「狄德羅效應」的影響下，你的三觀都會發生顛覆性的改變。你會越來越執著於「配套」，它不僅表現在物欲上，還可能影響到你對職場的規劃，甚至是愛情的選擇。

比如，很多大學生在找工作的時候自覺能力不俗，明明大公司競爭激烈，還執意要去世界五百強企業上班，卻看不上那些前景很好的創業公司；明明沒有經驗，還不願意從那些基礎的工作做起，剛剛入職沒幾天就想被晉升到更高的職位，拿更高的工資。很多女孩覺得自己外貌優越，戀愛的對象必須才貌雙全、家境殷實才配得上自己……

當我們將自己變成「狄德羅」後，卻發現原本悠閒、簡單的生活變得複雜起來，不斷透支的欲望扼殺了我們的前程和夢想。作為一個擁有自由意志的活生生的人，我們卻被一件件死氣沉沉的物品或條件所「脅迫」、「捆綁」，活得越來越失控。

想要避開「狄德羅陷阱」，先從控制物欲做起。我們控制不住購買行為，很多時候是錯估了物品的價值及我們對它的需要程度。某綜藝節目中，一位女明星說自己每次逛商場時，看到心儀的衣服、包包就會忍不住在心裡尖叫，同時告訴自己：「如果不把它們買回家，我一定會死掉。」事實上，她的衣櫃裡真的缺這件衣服嗎？不買真的會死嗎？

答案當然是否定的。那些「不買會死」的物品，大多不是生活必需品。你除了要瞭解自己的真實需要外，更要明晰自己能力的大小。購物之前要三思，將想要購買的物品列個清單，誠實地向自己指出，哪些屬於理性消費，哪些是超出能力範圍的消費。購物之後，分析自己的心理狀態，為什麼又一次向誘惑投了降？學會反思，才能在欲望面前及時剎車。

掉入「狄德羅陷阱」的人，為了尋求心理平衡，不惜採用各種手段去滿足欲望，最後卻付出了一次比一次高昂的代價。與其被物欲脅迫做出違心的選擇，不如真正擔負起自我人生策劃者的角色，嘗試著去降低物欲，這樣才能自如地享受物質帶來的快樂。

從付款到閒置，現代人因物欲滿足的快感究竟有多短

琳琅滿目的二手商品頁面上，往往標注著這樣的資訊：「這款大衣買來不到一個月，穿了幾次發現不太適合自己，打折出售哦，喜歡的趕緊下手……」

「包包是去巴黎旅遊買回來的，可惜包包太多，已經對它不心動了，五折出售……」

「這條項鍊真的很漂亮，但最近想嘗試另一種風格，便宜轉……」

大牌服裝、昂貴的包包、輕奢型項鍊，可能你存錢買的時候省吃儉用，收到精美包裝盒的那一剎那歡呼雀躍，可惜都抵不過時間帶來的疲乏。只是，這疲乏期到來得比我們想像得更快，可能只需短短一個月，或者一星期，甚至三天後便再也沒有了心動的感覺。有位網友說得好：「現代人『變心』起來就像收到加班通知，總是突如其來，毫無徵兆。」

一部描述購物狂的電影中，女主角意興闌珊地說：「以前拎著一大堆購物

袋回家，心裡滿滿都是幸福感。至少那一個禮拜心情都很好。不知道為什麼，衣服、鞋子、包包越買越多，快樂的時間卻越來越短了。有時候幾小時就沒了……」

想必你也有過這樣的體驗：結帳清空購物車的那一刻，內心的愉悅感無以言表，眼前彷彿綻開了煙花；刷爆信用卡買到心儀已久的商品，那瞬間簡直快樂到爆炸。

購物時的快感來自哪裡？科學研究表示，通常我們購物時，大腦會分泌出多巴胺。多巴胺是一種神經遞質，能帶給人興奮愉悅的感覺，很好地緩解我們的負面情緒。

三藩市州立大學心理學副教授里安・豪威爾則稱，熱愛購物是人的本能。而這種本能從舊石器時代就開始形成。他的研究顯示，人類的祖先依靠狩獵和採集生存，他們會想方設法地獲取、囤積任何有利於生存的稀缺物品。沒有這個習慣的人類族群大多會消亡。

只是，花錢帶來的快感比生鮮食物還容易「過期」。從買單到擁有，快感來得快，去得也快，就像一陣風。很多東西，剛買到時我們無比珍惜，而沒過多久，它們便被打入「冷宮」。

有心理學家分析說，物欲帶來的快樂很短暫，是因很多人真正想要擁有的是購買時的「體驗」或「心理感受」，而不是實物。尤其以下兩種物品很容易被「拋棄」：

被寄託了特殊的意義。比如，情人節送給女友的禮物、朋友生日時為其準備的驚喜。禮物，本是感情的保鮮劑。但感情一旦破裂，你在購買和收到禮物時有多開心，之後就有多厭惡。

網路上有位男生說，他攢錢買的BOSE耳機原本想送給女友，但禮物還沒送出去就和女友分手了，於是低價轉賣。還有位男生說，他花了三個月薪水買了一個蒂芬妮手鐲準備送給他的女友，可惜兩人的感情「過了期」，傷心欲絕的他預備一折甩賣，就當是送人了。

跟風購物。比如，曾經無比風靡的「貓爪杯」、「LV水桶包」、「復古拍立得」，往往只是一時流行，短短幾個月便無人問津。跟風購買的物品，只能帶給人極其短暫的滿足感，一旦市場上刮起又一陣「風潮」，人們便迅速變心。

追逐短暫的快樂，得到的往往是無盡的空虛。那些聰明、自制力強的人從不做這樣的事。「二三十歲的年輕人，絕對不要碰什麼東西？」這個問題引來了許多人的關注與回答。其中一個回答讓人眼前一亮：「遠離那些能讓人獲得短暫快感的東西。」

〈我從不做讓自己有短暫快感的事〉這篇文章的作者稱：「**越是能在短時間內取悅你的東西，越要警惕，它也能在短時間內輕鬆控制住你。**」無底線地去追逐購物帶來的短暫快感，只會導致你的人生急轉直下。與其如此，不如將寶貴的時間、精力和金錢花在那些能讓你得到真正而持久的滿足感的事情上。健身、運動便是一個好選擇。

運動也能促進多巴胺的生成，讓人擺脫負面情緒，變得愉悅起來。而持續不斷的運動，能更進一步地促進多巴胺的分泌，直至形成一個正向循環。生活中，有條件的話不妨多辦幾張健身卡，去學習不同的健身方式，如瑜伽、舞蹈、游泳等等。

或者，有空的時候多多出去旅行。可以說，購物與旅行都是花錢得到的快樂，但後者帶來的快樂更持久。紐約康奈爾大學心理學教授湯瑪斯・吉洛維奇的研究表明，購物時的愉悅感，遠遠比不上一次全新的身心體驗。他說，購物所帶來的心靈愉悅感會隨著時間遞減，你會越來越不滿足於單純購物。但出去旅行、聽音樂會、交新朋友就不一樣了。**遠離目前的環境，去體驗不一樣的生活方式，瞭解其他文化和風土人情，能夠活躍你的思維，豐沛你的情感，讓你產生一種彌足珍貴的幸福感**。它久久盤旋在你的心頭。

購物狂們都在過著一種迷亂的生活：卡裡能花的錢太少，眼裡想要的東西卻很多。別為了滿足自己而迷失方向；別為了一時的快樂葬送了真正的幸福。告別物欲，從此刻做起。

為什麼人們喜歡在行為和用品上模仿名人

一份「網路環境下名人效應對消費者行為的影響」的問卷引來了大批網友的關注。面對這一問題「假如你要購買一些生活必需品，其品牌本身不為大眾所熟知，但商家請來當紅明星為其代言，您是否會產生購買衝動？」多數人在「是」這一選項上打了鉤。

名人廣告在當今全球商界佔據重要地位，已成為普遍現象。商家會通過「名人效應」來強化品牌形象，增加品牌的信譽度。每一年，各種「明星帶貨榜」「明星消費影響力榜」亦層出不窮。但「名人效應」背後，往往隱藏著畸形而極端的「消費主義」。

二〇一九年六月三日清晨，UNIQLO上演了一場「搶衣鬧劇」。人們聚集在各大商場的UNIQLO門口，摩拳擦掌，蓄勢待發。當店鋪的捲簾門被打開，人潮瘋狂地向裡湧去，場面一度失控。有的人拔足狂奔，手機掉在地上也不管不顧；

有的人胡亂扒開模特身上的衣服，拆掉塑膠手臂摔在一旁；有的人為爭搶一件衣服，和身邊的人大打出手……

其實，那天民眾哄搶的目標是UNIQLO新款的「KAWS聯名T恤、手提袋」，追究這場鬧劇的源頭，無非是「名人效應」在作祟。KAWS並非一個品牌，而是一個人名。一九七四年，KAWS出生在美國，他是一位著名的街頭藝術家，擁有一批忠實粉絲。

KAWS在世界各地不斷舉辦藝術展，他所到之處，很快便會成為當地的網紅打卡熱門地。隨著他的知名度越來越高，與其聯名合作的商品也越來越貴。所以，這一次UNIQLO與KAWS聯名合作的消息一傳出來，立馬受到了大眾的追捧。這導致了「搶衣鬧劇」的發生。

名人效應，指的是「名人的出現所達成的引人注意、強化事物、擴大影響的效應，或人們模仿名人的心理現象的統稱」。在網路極其發達的現代社會，很多人對於名人的追逐與崇拜幾乎到了盲目的地步。這種「慕名心理」究竟從何而來？

社會人類學家傑米・特拉尼將這種現象稱為「聲望學習法」。在一個社群中，如果一個個體得到了其他成員的尊敬和羨慕，會自然形成一種崇高的社會地位，即擁有聲望。比如，在原始社會中，如果一個獵人對於狩獵極其擅長，他一定會贏得部落裡其他獵人的尊重。很多獵人會主動請求他傳授經驗，或者模仿他打獵時的舉動、製造武器的方法。

在人類進化史中，「聲望學習法」起到極其關鍵的作用。而「慕名」、「慕強」的心理也深深刻印在人類的基因裡。到了現代商業社會，「名人效應」卻逐漸衍生出「粉絲經濟」，使得「消費主義」大行其道。只是，凡事過猶不及，過度的欲望反而埋下了不少隱患。

為什麼我們喜歡在行為和用品上模仿名人？還因在這個光怪陸離的消費時代，越來越多的人喜歡以「消費及擁有的商品」來衡量自己的價值，來抬高自己的身分和地位。

衣食住行，無論哪一樣和名人沾了邊，我們心裡便沾沾自喜。彷彿穿上了名人代言的衣服，用上了名人推薦的化妝品，買到了名人設計的奇貴無比的限量版高跟鞋，我們也能變得和他們一樣有名，我們的人生也就此變得卓爾不凡、格外精緻有品味起來。

另外，商家的推波助瀾也使得社會風氣越來越浮躁。一則則奪人目光的廣告和新鮮別致的宣傳語無一不在宣揚：「買吧，買了才能躋身上流社會」、「買了就能過上名人一樣的生活」……種種促銷手段刺激著人們的感官，釋放著人們的欲望，甚至催生了「拜物教」。

難怪作家梁文道會感歎道：「生命成了一趟購物之旅。」其實，為了過上更好的生活去購買那些優質商品，去追逐那些精緻的設計，都是很正常的事。可若任由「名人效應」撩撥、刺激著物質欲望向著病態的方向發展，事情卻變得不妙了起來。

越是跟隨在名人身後不加節制地消費，越覺得痛苦、無力，只因渴望擁有的那麼多，已經擁有的、能擁有的卻寥寥無幾。外界的喧囂與內心的欲望逼迫著我們跪倒在虛榮心面前，為那虛無的快感疲於奔命。似乎生活中除了消費，剩餘的都蒼白得一無是處。

膜拜名人之前，這樣告訴自己：「**想要過上光鮮的生活，變得和他們一樣優秀，就去學習他們身上那股向上攀登、拚搏的精神。**」屈從於「消費主義」，只會消解你生命的意義。吃的、穿的和名人一樣，並不能代表什麼，所謂的「潮流」更無法為你的前程增添光彩。

「斷捨離」：化解人類物欲的死結

日劇《我的家裡空無一物》的女主角麻衣從小住在一個擁擠的老房子裡。各種零碎的物品被塞滿房間、客廳和過道。長大後的她，亦延續著這樣的生活習慣。

麻衣的房間亂得可怕，只因她消費起來毫不手軟，喜歡什麼通通往回買，需要或不需要的都捨不得丟。直到後來，麻衣經歷了一次失戀。她待在擁擠的房間裡，生平第一次感到壓抑、無所適從。心煩意亂的她開始收拾起了屋子。凡是看不順眼的物品，都直接扔掉：靜靜待在衣櫃一角，從沒穿過的衣服，扔掉；牆上的貼畫、桌子上的玩偶，扔掉……

麻衣就此變成「扔東西狂魔」，奶奶和母親一開始對此很不理解。後來，日本發生了大地震，麻衣一家及時搶救了一些生活物品，隨後搬到臨時居住的公寓裡。那一天，母親望著那些物品，不由感慨道：「生活裡真正必要的東西，原來只有這些啊。」

所謂「斷捨離」，指的是不斷清理自己的居住環境和自己所擁有的物品，果斷扔掉自己不需要的或者已經喪失價值的物品，只保留生活必需品或對自己而言重要的東西。

「斷捨離」創始人山下英子言簡意賅道：「斷」，指的是斷絕不需要的東西；「捨」指的是捨棄家中多餘的廢物。不斷重複這樣的過程，你最終會達到「離」的狀態：**脫離物欲的束縛，從喧囂擁擠的現實世界中打開一道心門，就此走向清淨敞亮的精神世界**。

很多人將「斷捨離」膚淺地理解為「扔東西」、打掃房間。每每在實施「斷捨離」的時候心裡都會湧起這樣的感歎：「好可惜」、「買來的時候花了不少錢呢」、「還能用呢，真的要扔嗎」……這其實是搞錯了「斷捨離」的重點，**我們要捨棄的並不是物品，而是內心多餘的雜念和欲望。不要問自己「還能不能用」，問自己「究竟適不適合我」**。

對於當下不需要的東西，就請果斷地放手。經歷了這樣的訓練後，你會發現自己的居住環境變得越來越清爽俐落。內心也變得輕鬆舒暢，整個人由內到外煥然一新。

山下英子說，多年來她一直在做以「斷捨離」為主題的講座，親眼看見很多學員的人生因此發生巨變。有的人辭職換了新工作，有的搬了新家，有的離婚再結婚。當他們將「斷捨離」奉為人生信條，堅定不移地去執行之後，內心封存的力量彷彿都被釋放了出來。

定期丟棄、極度削減，變成了他們的生活方式之一。正因如此，很多人掙脫了物質欲望的束縛和消費主義的陷阱，將注意力更多地放在了真正值得珍惜的人與事上。這使得他們的感官越發敏銳，心緒越發平靜，哪怕面臨兩難的選擇，也能果斷做出決定。

《我決定簡單地生活》一書的作者佐佐木典士是極其堅定的「斷捨離主義」的擁護者。他曾表達過這樣的觀點：「這個世界上所有人一生下來就沒有擁有任何物品，所以每一個人剛出生時都是極簡主義者。**其實，我們是拿自己的自由去交換不必要的雜物。**」

佐佐木典士的家中原本堆滿雜物，他很享受購買時的快感。結果每次下班回到家，他都要小心翼翼地繞過那些物品，盤踞在書桌前。有一次他決定搬家，結果因為家中物品太多，他不得不耗光積蓄支付了一大筆運費。女朋友覺得跟他在一起看不到未來，一氣之下向他提了分手。那段時間，佐佐木典士掉入了人生谷底，過得極其頹廢。

最絕望的時候，佐佐木典士突然意識到，真正充實的人生根本不需要這麼多附屬品。就這樣，他過上了「丟丟丟」的極簡主義生活。而他的心態也在這一過程中發生了微妙的轉變。他變得更加積極、樂觀，變得更懂得珍惜。哪怕遭遇挫折，他也能心懷感激。

那兩年，他有了更多時間同家人、朋友聚會。一個人待著時，他也能更專注地讀書、寫作，豐富自己。就這樣默默努力著，他從一個無名小編逆襲成副主編。

「斷捨離」，堪稱一場斬斷欲望、脫離執念的修行。或許，一開始在執行「斷捨離」的時候，我們無法做到像麻衣、山下英子及佐佐木典士那般灑脫、篤定。但我們卻可以通過實際行動一步步擺脫對物品的執念，擺脫過剩的欲望，讓自己的生活變得更有質感。

不妨從整理你的背包開始。扔掉糾纏在一起的手機線、很難用到的名片、廣告宣傳頁，只裝入日常所需。之後，整理你的衣櫃。留下最適合最喜歡的衣服、鞋包，通過各種管道處理掉那些不適合你的，或者只穿過一兩次卻捨不得扔的衣物。

最後，擴大範圍，審視整個家。但凡佔用了家庭空間卻並沒有發揮出應有作用的雞肋物品，不要猶豫，將其果斷處理掉。一次次重複這樣的行動，直到家裡變得清爽、乾淨。

最重要的是，購物的時候更加謹慎，不要想著「總有一天會用上」。**當下不**

需要的話，堅決不買。或者添置了新的物品，就扔掉一件舊的物品，讓總量保持不變。

從捨棄物欲開始，整理自己的內心世界。扔掉那些不安的情緒、傷心的回憶，離開糟糕的環境。於是，我們有了更多的心靈空間去承載新鮮事物，生活也變得越發舒適順暢。

管控不住物質消費的人，毅力都很差

某網友在網上的發言曾引來很大爭議，她說：「一個女人一輩子要擁有這幾樣東西：手錶、項鍊、豪車、別墅、有錢的老公。」另一位網友卻回覆說：「管控不住物欲的女人，就算嫁了有錢的老公也管控不了自己的人生。因為這樣的人太沒有毅力了。」

追求享樂無可厚非，因為這是人的本性。追求物質固然能提高我們的生活品質，讓我們活得更方便、光鮮、滋潤，但過度沉迷於物欲，卻反映出一個深層次的問題：只因意志力太過薄弱才容易「外役於物」，不及時「懸崖勒馬」，哪怕抓著一手好牌，也容易打爛。

觀察你身邊那些控制不住物欲消費的人，是不是大多毅力都很差？他們總在朋友圈裡立志，結果沒過兩天便主動破除誓言，一次次被現實打臉；他們動不動就給自己列一份夢想清單或者職業晉升計畫，卻總是三分鐘熱度，很難完整地去實施。

他們控制不住物欲，也很難戒除得了食欲、情欲等等。有的人連職業操守也很難堅守得住。儘管他們起點未必差，甚至於很高，卻常常「誤入歧途」。正是缺少自控力，令他們的人生境遇每況愈下。依據心理學理論，人的自我控制水準可以分為五個層次：

原始衝動型：情緒和行動都無法自如控制，在欲望面前常常處於一種本能衝動中。

顧忌衝動型：外界施壓時，能稍稍約束一下自己的言行舉止，抑制欲望。

被動控制型：具有一定的自我控制能力，但須處於監督、施壓的情況下。

自主控制型：擁有強大的意志力，主動拒絕誘惑，主動控制自己的欲望。

從心所欲型：自我控制彷彿是一件再自然不過的事，完全出於本能、本心。

很多成功的企業家、社會精英都能達到自我控制的最高層次：從心所欲型。這樣的人內心滿足感來自更高的事業及精神追求，而不是物質享受。拿臉書創始人札克伯格來說，他生活極其簡樸。因為不想浪費精力在穿衣打扮上，他每天都穿同一種灰色的襯衫。

身為蘋果創始人之一的賈伯斯也是一個擁有強大毅力的人。據知情人說，他家裡只有一張床墊、一把椅子，一盞燈，一張愛因斯坦和馬哈拉傑・吉的照片，除此外，空空如也。像賈伯斯這樣心性堅韌的人。不會控制不住自己的物質消費的欲望。

而我們身邊那些優秀的人大多能做到自主控制欲望，最次也能做到被動控制欲望。老子說：「不可見欲，使民心不亂。」明朝思想家洪應明言：「胸無物欲，眼自空明。」物質追求和享受對於那些意志薄弱者來說，無異於陷阱、深淵，更是他們成功路上的絆腳石。

意志薄弱的人一旦在欲望面前舉起了「白旗」，就會越陷越深，直至無可挽回。而對於那些真正優秀的人來說，物質享受是錦上添花的事，卻並不是生活的唯一目的。物欲對於他們而言是考驗。先成功抵禦了這些考驗，才有底氣去迎接命運賜予的更大挑戰。

有網友曾分享自己磨煉意志、抵抗欲望的方法——多讀書，少看連續劇。她說，如今熱播的電視劇最受人們關注的，往往是劇中人物的穿著打扮。在電視劇上花費的時間越多，人的心就越浮躁。還不如將時間節省下來，通過讀書去磨煉心性。

發表在《科學》雜誌上的一篇文章介紹說，心理學家大衛・科默・吉德挑選了一千名實驗對象，並安排他們分組閱讀狄更斯等文學家的作品及其他文本，或者觀看連續劇、電影。通過長期追蹤調查，大衛・科默・吉德發現那些**保持良好閱讀習慣的參與者擁有更高的耐性和自控力**。

俞敏洪說，年輕人培養毅力之前先培養思考力、判斷力和決斷力。而這些都能通過閱讀來實現。讀更多的好書，意味著你的大腦一直處於更新狀態中，不至於陷入思維陷阱而不自知。將閱讀與實踐結合起來，敦促自己逐漸脫離那種膚淺無序的生活狀態。

在網上看到這樣一句話：「**對物質的生活態度，決定了一個人的層次**。」那些自願成為物質奴隸的人，哪怕擁有再好的條件依舊過不好這一生。不斷地增強毅力，從控制物欲開始，一點點管理好自己，如此才能給予自己最有底氣、最有安全感的生活。

內心不依賴外物，便能獲得自由

奧地利心理學家阿德勒生平最喜歡釣魚。在釣魚過程中，他發現了一個有趣的現象：魚兒咬鉤之後總會拚命地掙扎，結果越是掙扎魚鉤陷得越深，最後魚兒徹底失去了自由。由此，阿德勒提出了一個名為「吞鉤現象」的心理概念。對於現代人而言，無窮無盡的物欲便是這枚「魚鉤」。當它深深陷入心靈，你縱然負痛掙扎，也很難擺脫被束縛的命運。

一部日劇中有這樣的情節：女主人公原本過著平淡、幸福的生活。可自從隔壁搬來新鄰居後，她卻變得格外焦躁，整天魂不守舍、坐立難安。原來，隔壁家那對夫婦過著十分奢侈的生活。他們但凡出現在人前，總是衣著昂貴，打扮得極其時髦精緻。

尤其是那家的女主人，出入都是豪車接送，平時名牌包包不離手。女主人公看到這一切，突然自慚形穢起來。她心裡湧起了無窮無盡的物質欲望。為了趕上鄰居的優質生活，她一改平日的節儉作風，借錢買了很多奢侈品。為了滿足自己的虛榮心，她特意請人來家裡擺拍這些奢侈品。隨後再將照片曬在網路上，享受著他人的點讚與評論。

當她像鄰居一樣穿上大牌服裝、用上高檔護膚品，那一刻她內心湧起無限快樂。只是，這快樂轉瞬即逝，隨之而來的是更大的焦慮、更多的痛苦。她漸漸發現，不知從何時起自己肩頭背負上了沉甸甸的負擔，一顆心再不復從前的簡單、純粹、自由。

《穿著Prada的惡魔》中有一句經典台詞：「自打你穿上那雙吉米周的鞋，

你的靈魂就已經被賣掉了。」對物欲的追求、對繁華世界的嚮往讓我們有了前進的動力，可過剩的物欲卻會給你帶來情緒上的困擾。除此外，它還會糾纏你的思維，干擾你的判斷，直至你做出錯誤的、足以後悔一生的選擇。沒有物欲拖累的心，才是輕盈的。沒有物欲污染的靈魂，強大而美麗。當你把自由出賣給物欲惡魔時，便註定了日後的後悔不迭。

某作家曾批判物欲至上的「三宗罪」。在他看來，過多的物質欲望除了會限制個人的自由外，還會摧毀全體人類的前途。其罪之一在於浪費財富。沉湎於物欲追逐，會對經濟社會的良性發展造成巨大隱患。在物欲的驅使下毫無節制地消耗自然資源，會造成人類生態危機。其罪之二在於腐蝕政治。縱欲橫行、豪奢無比的古羅馬帝國的敗落恰恰證明了這一點。其罪之三在於懈怠精神、污染風氣。所謂玩物必喪志。古往今來多少人迷失在光怪陸離的物質世界中，以至於信念全失、理想全無，從此活得蠅營狗苟、麻木不仁。

《老殘遊記・續集遺稿》留下這樣的箴言：「只是人心為物欲所蔽，失其靈明，如聾盲之不辨聲色，非其本性使然。」唯有心靈免除了一切外物干擾，我們的生活才能隨之浸浴在平和的氣氛之中，不會因得到或者失去外在物品而痛苦抑鬱、喜怒無常。而那些將自我情緒乃至人生的操控權都拱手讓給物欲惡魔的人，卻永遠得不到內心真正的安寧與自由。禪師的話擲地有聲，敲醒了在座弟子，也警醒了世人。生存在這個消費主義大行其道的社會中，我們總是一邊拚命加班、工作，拿命換錢，一邊卻瘋狂消費，不斷購買那些華而不實的商品；我們總是在物欲得到滿足的那一剎那陷入無聊與空虛，一面又千方百計地追求物質財富。面對不斷膨脹的欲望，我們俯首稱臣，最終變得面目全非。

思想家盧梭曾感歎道：「十歲時被糖果俘虜，二十歲被戀人俘虜，三十歲被快樂俘虜，四十歲被野心俘虜，五十歲被貪婪俘虜。人到什麼時候才能只追求睿智呢？」

在他看來，現代人內心不能清淨、始終無法獲得靈魂自由，是物欲太過濃盛所導致。正如被上了鼻環的牛，被牽到哪兒是哪兒，自己的心卻始終做不了主宰。可惜的是，很多人卻主動在鼻子上拴上一根「欲望之繩」，任由自己被物質欲望逗弄得團團轉。

荀子說：「君子役物，小人役於物。」拚命索取物質，佔有物質，反而會被物質所奴役。要知道，我們的生命之舟根本載不動那生生不息的物質欲望。過於依賴外物，必會因無窮無盡的誘惑而迷茫倉皇，從此背離豁達的心境。**想要還心靈以自由，就必須放下對物質的執著。**

轉移「興奮點」，富足精神淡化物欲

「二戰」時出現了很多戰爭遺孤。戰爭結束後，這些孩子有的被慈善機構收留，有的被一些好心的家庭收養。無論是慈善機構還是收養家庭，都為這些戰爭遺孤提供了良好的物質條件，吃穿用度都盡量地滿足其所需。然而，一段時間後，那些生活在慈善機構的孩子卻相繼離開人世。原來，他們一直沉浸在戰爭陰影中，始終無法得到救贖。

而那些收養家庭的孩子卻健康地長大成人，擁有了幸福的生活。明明慈善機構和收養家庭都提供了很好的生活條件，為什麼那些孩子的命運卻天差地別？

很多人不明白這背後到底發生了什麼。一番調查分析後，相關心理學家給出這樣的答案：相比奢侈的物質生活，這些孩子更需要的是充實而富足的精神世界。

很多人只有在購物的時候才能感受到快感，這是因為購物和其他讓人興奮的體驗一樣，都會刺激到大腦中多巴胺的釋放。可是，當物質成為我們唯一的「興奮點」的時候，我們的精神世界只會變得越來越貧瘠。對物質的渴望會讓我們變得越來越膚淺。

有心理醫師提出這樣的觀點：欲望很難控制，只能轉移。聰明的人會將「興奮點」從膚淺的物欲體驗轉移到層次複雜而深邃的精神體驗上。當他們越來越注重精神享受的時候，其思想品味和人生境界也變得越來越超凡，整個生命都蛻變出不一樣的色彩。

在現今有些人迷醉而不知醒悟。錦衣華服包裹著一顆蒼白的心靈，燈紅酒綠越發折射出他們骨子裡的迷茫與空虛。隨著所擁有的物質越來越豐富，他們的精神高地卻日漸荒蕪。殊不知，只有精神上的富足才能代表真正的富足。

美國曾興起一場「Fire運動」。追隨者們對物質欲望深惡痛絕。他們通過拚命降低物質欲望的方式來積攢生活費。夢想著在三十歲的時候能早早退休，過著不用出賣時間來換取金錢的生活。這場運動中，很多人之所以能堅持下去，正在於他們將自我對物質的渴望轉移到了對精神世界的追求上。慢慢地，消費主義被徹底驅逐出了他們的生活。

高曉松曾談及自己遊覽丹麥和瑞典等北歐國家的感想。他說那兒的人們不在乎物質享受，也很少談論金錢、名利等話題。絕大部分北歐人穿著樸素，開著舊車，一日三餐都很簡單。每晚七點後，街道上通常安安靜靜，沒有繁華都市裡人們習以為常的夜生活。

大家的消費欲望都很低，心態十分平和。平時他們著迷於各式各樣的戶外體驗，對大自然的饋贈感恩無比。與物質享受相比，北歐人顯然更注重精神品質。

作家梭羅通過《湖濱散記》這篇文章傳達出一個觀點：**唯有富足的精神才能擺脫無止境物質追求的絕望生活**。那麼，如何讓自己的精神世界變得更為充盈而富足？

擁有較高精神境界的人，通常有個人獨特的興趣愛好。專家提出，真正的興趣需要符合三大標準：「樂在其中」、「能夠提升自我」、「願意持續投入」。

有研究者曾開展一項有關「興趣」的調查報告，結果顯示：百分之九十五的中國人認為自己擁有興趣，但只有百分之十四的人達到「樂在其中」等標準。未滿足這三大標準的人數占了百分之八十一。

由此可見，大多數人都是沒有自己的真正興趣愛好的。他們爭名奪利，不過是在追隨其他人的腳步。只是，擁有再多光鮮的物品，也無法掩飾他們精神上的蒼白與貧瘠。想要富足精神，不妨多多培養幾個無關於利益、無關於金錢的愛好，以此來充實自己的內心世界。

想要富足自我精神，就要與那些樂觀積極、層次較高的人在一起。人畢竟是社會性動物，唯有保持良好的人際交往才能保證情感健康發展。心理學家羅賓·鄧巴在經過多次試驗後，得出一個結論：人們身處不同的社交團體，會受到不同的影響。一個有著和諧社交氛圍的團隊會讓人變得積極樂觀；反之卻會讓人誤入歧途，從此墮入深淵。

與物欲濃盛、貪慕虛榮的人在一起，久而久之，我們也會變得無比虛榮起來。與潔身自好、擁有較高精神境界的人在一起，我們的眼界與格局會變得越來越開闊。

當然，物欲本身並不是醜陋的。物質享受能讓我們過上更舒適更便捷的生活，對物質的追求本身無可厚非。可過度的物質欲望卻能操控人心，令人做出很多瘋狂而醜陋的事情。我們要做的，是將注意力適當轉移，在物質享受與精神享受中達到平衡。

人生最大的幸福和快樂不是取決於擁有多少財富，而是取決於內心的態度、精神和靈魂。精神世界的充實比物質享受要重要得多。那些丟失信仰、心靈貧困的人只會陷入物欲的深淵，徹底迷失人生的方向。

第四章　迷戀感官刺激的欲望，腐蝕了你的理智

為什麼你離不開抖音

你是否也對抖音欲罷不能？只要一有時間就打開抖音，邊刷邊笑。上班的時候偷偷刷，下班的時候躺著刷，和女友約會的時候也要邊說情話邊捧著手機……

環顧四周，遍地都是「低頭族」，太多人對抖音上了癮。那些最長不過十幾秒的小視頻，帶來很多新鮮好玩的視覺刺激。也許一開始你只是被一隻萌寵所吸引，可越來越多的搞笑視頻讓你的手指刷得停不下來。不知不覺中，時間一去不

復返。

心理學博士亞當・阿爾特說，一切帶給人感官刺激的娛樂產品，如直播、遊戲、八卦等，能像毒品一樣，讓人沉迷其中難以戒除。而從心理學的角度來說，上癮至少得滿足兩個基本條件：帶給人快感，能讓人逃避痛苦。很多人玩抖音時，總會找理由放縱自己「再刷一會兒」。而快速刷抖音的同時，大腦中的多巴胺瞬間激增。驚喜，正是大腦想要的。

「刷抖音——被新鮮刺激的內容吸引——內心瀰漫著愉悅感——滿懷期待繼續刷」，這就形成了一個特殊的學習迴路，慢慢又會形成「行為上癮」。

亞當・阿爾特在其著作《欲罷不能：刷屏時代如何擺脫行為上癮》中逐一列出行為上癮的構成要素，包括「極其誘人的目標；無法預知的積極回饋；越來越有挑戰性的任務；逐漸改善的感覺；無與倫比的刺激、緊張感；強大的社會聯繫」。

抖音和其他娛樂產品背後，都有著強大專業的團隊。那些針對大眾心理「軟肋」設計的產品會不斷刺激你的神經，讓你不擇手段、不計後果地去攫取快感。

可是，你別忘了，商家設計出這些娛樂產品唯一的目的就是賺錢。如果你習慣了這種低成本、高回報的刺激，毫無原則地臣服於感官欲望的誘惑，便很難去做一些看起來「無聊」卻對人生真正有幫助的事情。比如，腳踏實地地工作、學習，辛苦地去健身鍛煉等。

電影《美麗新世界》（Brave New World）中描述的未來世界令人感到恐懼。政府使用一種名為「唆麻」的毒品去安撫普通公民。一旦發生大規模騷動，只需將「唆麻」變成蒸汽吸劑，暴動便很快平息下來。人們沉迷於快感中，懶得去思考、進步，對自然風光、四季變化亦視而不見。

可怕的是，如今的抖音等娛樂產品完全能夠產生「唆麻」一樣的功效。它們吸引了你幾乎所有的注意力，只要打開手機，就能見縫插針地讓自己「爽一爽」。這樣的你，和那些靠吸毒來滿足欲望、逃避生活的人，又有什麼區別呢？

社會學家芭芭拉經過長達八年的研究，得出一個結論：越是處於底層的人，越容易沉醉於感官享樂的欲望，如肥皂劇、電子遊戲、毒品等。而那些處於高層次的人，卻能輕鬆擺脫欲望的束縛，傾向於尋找一種或多種補充型的方式來尋求快樂，比如學習、閱讀等。

抖音等讓你快樂的閾值不斷增高，也讓社會階層之間的固化加速定型。就在你嘻嘻哈哈地過日子的時候，你與他人之間的差距不知不覺地被拉開。

有句話說得好：「不懂得利用好時間，你如何過得好這一生？」而這些道理很多人不是不懂，只是一進入光怪陸離的網路世界，玩著玩著便忘了時間、丟了初心。

想要擺脫感官享樂的欲望，就一定要有衝破生活慣性的勇氣。很多人靠慣性活著，每天做著同樣的工作，玩著同樣的遊戲，一日日重複著昨日的生活。有心理學家研究發現，孩童的快樂簡單而炙熱，是因為他們願意探索未知，讓自己的生活充滿變數。

而成人之所以越過越不快樂，是因為我們習慣了一種生活模式後便不敢折騰，懶得動彈。所以越來越多人將尋求快樂的希望寄託於低成本的感官享樂上。

要有不依靠慣性活著的決心，先從嘗試改變自己的娛樂方式開始。生活中尋求趣味的方式大致分為兩種：補充和消耗。前者有玩抖音、打遊戲等。後者有運動、讀書等。

最好變消耗為補充。補充型趣味能帶給我們的，絕不是哈哈大樂那麼簡單。比如，村上春樹在跑步中獲得無限的快樂。跑步鍛煉了他的體力和持久力，讓他獲得寫作的靈感。

《中華詩詞大會》上擊敗北大碩士一舉奪冠的「外賣小哥」雷海為便是衝破慣性的代表。

自廿三歲在書店看到一本《詩詞寫作必讀》後，他的生活發生了翻天覆地的變化。別人在玩手機、刷抖音，他卻躲在一旁一首接一首地背起了詩詞，如饑似渴。別人在呼呼大睡，他卻挑燈夜戰，抓緊時間瞭解詩詞的寫作背景、鑒賞知識……

雷海為迷上詩詞，並沒有什麼特殊目的，只是在尋求快樂而已。只是，別人用抖音來滿足自己，他用的卻是詩詞。可這份愛好卻讓他跨越了階層，迎來了屬於他的輝煌時刻。

沉迷於抖音的人，大多是在遵從本能。越是這樣的人，就越追求感官快感，越會不設置底線地滿足自己的欲望。遲早有一天，他們的欲望會膨脹到無法駕馭的地步。

你要咬緊牙關，同自己的本能做鬥爭。有一些小技巧可以幫助你戰勝本能，有效遠離「抖音上癮症」，比如，關掉抖音推送；刷抖音之前，先設置好倒數計時提醒器等。

那些低級趣味和短暫的舒適，其實是在透支未來。毫無自控地放縱，只會讓自己的人生偏離正軌。長此以往，你的肉體或許還活著，但思維卻會被永久困在欲望的樊籠裡。

為什麼說出軌只有零次和一百次的區別

一位作家說：「現在大多數的出軌，不是出軌，是出軌癖，是一種病症心理。」不要指望一個在感官享樂中泥足深陷的人會珍惜愛情，那些出軌成癖的人大多無法回頭。

婚外情曾兩次被寫進《聖經》的戒律中。有人說，婚外情與婚姻同日誕生，它比婚姻更頑強堅韌。柯依瑟爾等人是《愛、欲望、出軌的哲學》一書的聯名作者，在他們看來，出軌堪稱人類社會的常態，乃至於整個人類史就是一部出軌史。無論處於社會的哪一層級，無論受過怎樣的教育，無論當時社會有著怎樣的道德、宗教及法律規範，總有人會出軌。

背叛愛情，當然是一種很傷人的做法。但出軌成癖的人控制不住自己的原因，被刻印在了「遺傳密碼」裡。相關專家分析道，出軌是一種遠古的動物性本能。拿天鵝、鴛鴦來說，雖然這些動物在人類眼裡是美好愛情的象徵，但牠們天生不是忠於伴侶的物種。

一個瑞典研究團隊以五百對與伴侶結婚或同居超過五年的成年男性雙胞胎為研究對象，分別檢測了他們大腦中的AVPR1a基因。結果顯示，攜帶AVPR1a基因變異副本的男性對伴侶表現出較低的忠誠度。未攜帶該基因變異副本的男性，婚姻出現問題的機率卻只有百分之十五。

來自賓漢頓大學的賈斯汀·加西亞及其團隊通過一系列研究發現，部分人攜帶的一個名為DRD4的多巴胺受體基因，直接影響了人的濫情程度。雖然攜帶濫交型DRD4的人並不一定會出軌，可是，一旦他們抵受不住情欲的誘惑，就會滑入欲望的深淵。

部分出軌者被「抓包」後，會顯得十分羞愧，祈求伴侶再給自己一次機會。然而，出軌後真的能浪子回頭嗎？美國丹佛大學前兩年的一項研究給出了答案：很難。

研究顯示，在感情中出軌的人，再次產生婚外情的機率比其他人足足高出三倍。曾遭受伴侶背叛的人，受到新伴侶出軌傷害的可能性是其他人的兩倍。而那些曾懷疑伴侶出軌的人，在開展一段新的感情後，繼續懷疑伴侶的可能性是其他人的四倍。

賽凡提斯曾寫道：「情欲只求取樂，歡樂之後，欲念消退，所謂愛情也就完了。」一經歷過出軌的人，無論是受害方還是加害者，這輩子都可能活在陰影中。

倫敦政治經濟學院的演化心理學家金澤智博士提出一個有趣的觀點：一個男子越聰明，越不可能背叛伴侶。在金澤智博士看來，一個人會選擇低級的情欲滿足，還是高級的精神追求，與智力水準息息相關。依照這一理論，現代社會中那些無法抵禦情欲誘惑、一再屈從於原始欲望的人不僅有著很差的自控力，亦存在智力上的缺陷。

雖然出軌是人類的天性，但這並不意味著我們一定要服從本能，就此在欲望中沉淪。你要明白，在愛情裡克己慎獨、潔身自好的人，才能體會到愛的真諦，享受到真正的幸福。而那些玩弄感情的人，一定會被感情所玩弄，最後落得一個孤家寡人的下場。

感情裡時刻反省自己，是克制欲望的好方法。可惜的是，有些愛出軌的人縱使在感情上有了污點，也從不主動去反省自己，反而找出種種藉口來避重就輕地美化、掩蓋自己的行為。面對出軌成癖還滿口謊言的伴侶，想法挽回或傻傻等待還不如及早抽身。

需要注意的是，感情有了裂痕，情欲的誘惑難免會乘虛而入。兩性關係中，懂得包容信任伴侶，全心全意地為其付出很重要。一方面，這增加了對方出軌可能帶來的損失，在認知和情感上令對方意識到出軌具有極大風險。這樣一來，伴侶出軌的可能性將被極大壓縮。另一方面，這是保鮮愛情的秘訣，伴侶會更珍惜感情，主動去約束自己的行為。

愛戀與依賴遠遠不足以構成一份成熟的愛情，它還包括擔當與責任。在誘惑面前，一定要把持住自己。正如作家麥家所言：「你要懂得，什麼欲望是有害的、必須把它從內心清除出去的。」面對出軌成癖的伴侶，如果對方已經將靈魂出賣給了欲望，又何必陪著他在這虛假的感情中耗下去？不如瀟灑地離開，並整理好自己，自信地迎接真正屬於你的愛情。

開心不開心都想吃東西，你需要警惕自己的暴飲暴食了

日劇《非正常死亡》中，女主角有一句經典台詞：「有時間絕望，還不如去吃美食然後睡個覺。」如此灑脫的心態令人羡慕。但在生活中，很多人卻將其當成藉口，以「犒勞自己」的名義暴飲暴食。工作上受到表揚很開心，吃頓美食慶祝慶祝；加班太累了，必須吃頓大餐安慰安慰自己；好不容易等來了假期，得用

零食來放鬆心情……

我們能找到千千萬萬個理由給自己加餐，即使已經撐得走不動路，依舊抵受不住美食的誘惑。心理專家卻提醒道，如果你的飲食行為與情緒息息相關，一定要提高警惕。

開心不開心都想往嘴裡塞滿食物，表面上看是敗給了食欲，背後的原因卻鮮有人知。這其實是一種「情緒化進食」。受到情緒衝擊的時候，在無法正確識別、理解和調節自身情緒的情況下，很多人會選擇用食物來轉移注意力，以抵消內心深處的不舒服感。

根據二〇一九年賽勒姆出版社《健康百科全書》上公佈的資料可知，百分之八十的美國女性肥胖者都存在「情緒化進食」的情況。開心的時候想用美食犒勞自己，無聊的時候用零食打發時間，生活中這些情況都很普遍。但更典型的是，當人們感受到緊張、憤怒、沮喪等負面情緒，或者無法承受壓力時，更易被激發出「情緒化進食」行為。

ＢＢＣ紀錄片《完美的飲食》招集了七十五名身材過胖的志願者。實驗人員將志願者分為兩個小組：「情緒化進食」組；「非情緒化進食」組。隨即，志願者們被安排參加了一次模擬測試：分別讓他們處於充滿壓力的環境中。測試結束後，志願者們進入餐廳吃飯。

實驗人員觀察到，經受過同樣的壓力後，「情緒化進食者」會比「非情緒化進食者」吃得更多。而且，前者會對高熱量的食物更渴望，更無法抗拒。比如巧克力、薯片等。

相關實驗人員這樣描述「情緒化進食者」：「他們在情緒激動或緊張時就會吃東西，壓力之後用吃來獎勵自己。」實驗結果也表明，如果一個人長期用暴飲暴食的方式去逃避自身的情緒問題，慢慢就會發展為「情緒化進食」。這與購物成癮、毒癮一樣，同樣會令人們的身心遭受重創。肥胖還是小事，「情緒化進食」能造成的更嚴重的後果是「暴食症」。

有相關研究稱，美國至少有四百萬成人都在遭受「暴食症」的困擾。當然這個數字至今無法確認。只因大部分「暴食症」患者都會隱匿自己的行為，羞於在他人面前提起這一病症。

音樂巨星艾爾頓・約翰向公眾坦誠，自己曾陷入「暴食症」的折磨中難以解脫。罹患「暴食症」的那一時期，正是他人生中的低谷期。每當他無法消散內心沮喪、不安的情緒時，就會克制不住地想要吃東西。比薩、蘋果派、三明治，什麼熱量高就吃什麼。每一次，他都會吃到胃裡塞滿食物，直至忍受不住直接吐出來。幸好，他最終克服了對食物的依賴。

而那些始終無法從「暴食症」陰影中走出的人，生活會變得越來越失控。嚴重的甚至會導致死亡。醫學專家這樣介紹說：「進食障礙在精神科屬於小病種，卻是精神障礙中致死率最高的一種，死亡率高達百分之五到十五。」

蘇軾說：「口腹之欲，何窮之有。每加節儉，亦是惜福延壽之道。」屈服於口腹之欲，是人生墮落的開始。為了降低自己暴飲暴食的可能性，不妨從日常小事做起。

比如，日常購物時，切記不要將熱量過高又毫無營養的垃圾食品放入購物車中。在冰箱裡放入一些健康食品，同時保證家裡沒有垃圾食品。

儘量不要讓自己的身體處於饑腸轆轆或過度疲乏的狀態中，這種情況下，最容易發生暴飲暴食的行為。保證一日三餐吃得營養、均衡。若想要減肥，最好採取少量多餐的形式。而且，平時最好保證充足的睡眠，這能讓我們保持豐沛的精力去抵抗食欲困擾。

如果你已經出現了「情緒化進食」行為，最好學會與自身情緒和諧相處。情緒來臨時，好好感受，嘗試著去辨別情緒類型。在這一過程中，不斷給予自己正面積極的心理暗示。若壓力過大不堪重負，最好選擇合適的方式去宣洩情緒。比如，與家人、朋友傾訴等。

「吃」與「心情不好」之間的關聯越是緊密而強烈，你越是無法抗拒胡吃海喝的欲望。你要學會駕馭自身情緒，慢慢培養健康飲食的好習慣，如此，人生之路才會越走越順利。

熬夜快感的背後，是你在報復白天偷的懶

近幾年社交平台上總是流傳著這樣的新聞：

「某年輕男子通宵打遊戲後突然倒地。」

「每天只睡四小時，深夜猝死！」

「毫無徵兆男子體內一大半血流光，醫生：熬夜熬的。」

……

很多「猝死」背後的原因，都在於「縱欲過度」。在那些能滿足感官享樂的東西面前，比如，網路遊戲、抖音視頻、各種消遣性的小說、肥皂劇等，很多年輕人毫無自制力。於是，他們總是在深夜頂著大大的黑眼圈，肆意沉迷在熬夜的快感中，越來越無法自拔。

然而，縱欲的後果卻是你我無法承受的。奔騰的欲望蠶食著我們的理智，令你的人生偏離既定的軌道，自此邁入萬劫不復的境地。甚至有人斷言說：「未來社會大部分人，都會沉醉在感官快感中無法自拔。他們放縱著欲望，像蛆一樣地活得醜陋、扭曲。」

熬夜給予我們的快感，其實是一味「慢性毒藥」，是一種變相的自我折磨與報復。網上有一個很熱門的話題：「成年人熬夜的快感，本質是什麼？」

有人回答說：「白天時間被別人占得多了，晚上就報復性熬夜。」

問題是，我們熬夜大部分不是因為工作，而是因為玩手機、玩遊戲成癮。

另一些人美其名曰熬夜加班，實質上是在報復白天偷的懶。他們白天在公司無所事事地消磨時間，要麼滑手機，要麼偷偷點開娛樂網頁，將購物網站、情感論壇來回逛個遍。晚上回家後，他們心事重重地開始了又一輪的挑燈夜戰。打開檔案前恨不得「詔告天下」自己正在加班，還沒工作半小時又正大光明地看起了搞笑小視頻。還有一類人喜歡將所有工作任務都堆積到最後一天熬夜完成，最後的成果卻拙劣無比。

那些持續熬夜的職場人，白天面對工作時往往興致寥寥，哈欠不斷。精神越來越難以集中，思維也越來越僵化，最後根本無法高質量完成工作。

有人說：「我們熬的不是夜，而是命。」通過不停熬夜來滿足自己的享樂欲望，是對自己極大的傷害。熬著熬著，你的記憶力大幅度衰退，你的學習能力明顯下降；你的內分泌系統逐漸紊亂，免疫力降低，罹患心臟疾病、癌症的機率顯著增加……

深夜來臨時，我們不捨得關掉電腦，不願意放下手機，不停地用娛樂來麻痹自己。是因為我們沒有勇氣和今天的自己說再見，更沒有信心迎接新的一天的到來。殊不知，熬著熬著，我們在欲望面前自制力越來越差；熬著熬著，我們的生活變得越來越糟糕。

聰明的人卻從來不熬夜，他們深知睡眠其實是大腦清理垃圾的過程。唯有拒絕感官享樂，保持規律的作息，才能更好地完成學習和工作，活出精彩的人生。

比如，一位「學霸」坦言，高一到高二兩年時間裡，她基本晚上九點之前複習完所有的功課，然後準時入睡。到了高三，她才推遲到每日十點入睡。這樣每一天她都能以良好的精神狀態去應對學習。

村上春樹曾強調說：「當你做一項長期工作時，規律性有極大的意義。」想要合理地安排自己的生活，先從改變自己的壞習慣入手。白天工作時，最好將手機放在離自己遠遠的地方，或者乾脆關機。集中注意力去處理工作上的難題，一時思維不暢的時候不妨眺望窗外，或起身走走，而不要去刷手機。要知道你所謂的「隨便刷刷」，背後浪費的可能是好幾小時的時間。充分利用所有的工作時間，儘量在白天處理好所有的工作，而不要拖延。

臨睡前遠離一切娛樂ＡＰＰ，看看紙本書，或者冥想二十分鐘。泡個腳或者喝一小杯熱牛奶，讓身心得以放鬆，時間到了就準時休息。唯有清心寡欲，並養成這樣早睡早起的好習慣，才能精力充沛地應對前方路途中的一切挑戰。

為了出名不惜抹黑自己的人是什麼心理

網路上有這樣一個問題：「為了出名不惜抹黑自己的人是什麼心理？」答案形形色色：「存在一種僥倖的心理，覺得只要自己不顧形象地抹黑自己就可以獲得關注度。」

「沒有什麼禮義廉恥，不在乎別人的看法，只要出名就可以了。」……

現今時代裡，人們的成名欲望越來越喧囂。在專業心理醫師看來，那些為了「紅」不惜貶低自己、黑化自身形象的人，其實內心深處極度缺乏安全感。他們的自我存在感及成就感低下，才不擇手段地追求存在感。當他們通過嘩眾取寵的手段得到了夢寐以求的關注度時，會覺得無比滿足、快樂。這種感覺像吸毒一樣，讓他們欲罷不能。

佛洛伊德曾說：「任何人所做的事情都來源於兩種動機，那就是性衝動和成為偉人的欲望。」美國著名的哲學家杜威教授的觀點略有不同，他認為「得到重視的欲望」對人影響更大。他說：「人類的天性中最深層的欲望是『顯要感』，也就是渴望成為重要人物。」

越是自卑敏感且成長過程中存在感卑微的人，越是對自我的「顯要感」有著刻骨的執念。一旦他們發現不顧形象地抹黑自己能換來笑聲和掌聲，他們就會拋棄廉恥、無所顧忌地走上這條錯誤的成名之路。當他們的價值觀全面歪曲敗壞，就會完全失去底線。

為了出名不惜抹黑自己的背後，還有一層重要原因。在這個娛樂至上的時代，很多人只想賺快錢。而成名意味著源源不斷的利益和層出不窮的物質享受。在感官享樂欲望的驅使下，他們說起話來無比「雷人」，做起事來顛三倒四，可笑、可悲得像小丑。

比如，各類網路直播平台上的網紅，為了迎合粉絲的低級趣味，他們頻頻發表粗俗、下流的言論，要麼發一些挑戰社會秩序良俗的大尺度自拍，要麼炮製一些令人反感的自黑視頻，甚至不惜策劃新聞事件，傳播假消息，這種逾越法律底線的行為必將受到嚴懲。

各種APP、短視頻，包括選秀節目的火紅與流行，讓越來越多的年輕人迷失在浮華幻影裡，終日做著一夜成名的美夢。年輕人渴望功成名就並不是壞事，可若將出名與成功之間畫上等號，只看重出名的結果，不在意出名的手段及過程，問題便棘手了起來。

你若聽從欲望魔鬼的唆使，一步步主動走入迷茫的深淵，註定會付出難以承受的代價。在公眾場合嘩眾取寵博出位，輕則會給大眾留下虛榮不可靠的印象，失去身邊所有人的信任；重則違犯法律鋃鐺入獄，徹底失去前途和自由。還有人為了出名不惜拿生命做賭注。

你要知道，就算你通過種種奇葩手段僥倖成名，你夢寐以求的風光與財富也可能稍縱即逝。真到了那個時候，永不知足的欲望會將折磨得你痛不欲生，盛名之下其實難受的感覺也會將你逼瘋。越發急功近利的你，只會將人生越過越糟。

以成名為目標的夢想，並不值得被批判。其實這些年來不斷有年輕人通過社交網路去展示才藝、傳播知識、傳輸有趣的生活態度，靠著這種正向的、積極的努力，他們慢慢也獲得了預期中的名氣。與他們相比，那些為了紅不惜一切代價去博出位、博眼球，或者違犯公共秩序、規則乃至法律的人卻只能「收穫」大眾鄙視的目光和嘲諷。

遠離不良誘惑，不要去考驗自己的定力

在欲望面前，能守住本心的人寥寥無幾。如果我們不給誘惑接近自己的機會，那麼無論你內心的欲望有多強烈，依然能夠堅守心靈的一方淨土。

清朝道光年間有一位刑部大臣名叫馮志圻，他生平最愛的是碑帖書畫。有人打聽到了他的這個愛好後，特意帶上一本名貴的碑帖前來拜訪。誰料馮志圻見到此人，連連擺手拒絕。最後他看都沒看那本碑帖，便原封退回。身邊的人勸說

道：「打開看看也無妨。」

馮志圻淡定道：「這本碑帖年代久遠，太過於珍貴，我一旦打開，哪怕只看了一眼，只怕再也捨不得移開眼了。索性不打開，封其心眼，斷其誘惑，能奈我何？」

身處糟糕惡劣的環境中，人們的意志力會變得極其脆弱，十分容易受到「污染」。反之，就能向好的方向發展。

西方行為主義學派心理學家斯金納提出的「自我控制與刺激迴避」理論亦證明了這一點。提到「自我控制」，大多數人的理解是在某個惡劣環境中調動自身意志去抵抗誘惑，或者約束自身行為。但在斯金納看來，試圖去考驗自我定力的人都很有可能遭到「反噬」。他所宣導的「自我控制」，是以遠離糟糕環境而實現的。

而與這種「自我控制」相對應的主要方式是「刺激迴避」。如果某個環境中的一些刺激性因素會使我們產生不好的行為，就一定要迅速脫離這種刺激環境，徹底扼殺這些不好的行為發生的可能性。平時也要提醒自己，盡最大的努力去避免接觸惡劣環境。

在西方經濟學中，通常會把人假設為「理性人」，認為人在面臨選擇的時候會為了自利而做出更為理性的選擇。事實並非如此。生活中大多數人都容易感情用事，尤其是在面臨欲望與誘惑的時候，常常守不住內心的防線，輕易做出讓自己不安乃至悔恨不已的事。

紀曉嵐的《閱微草堂筆記》中記載了這樣一件事：有一位浙江的僧人立誓要精進修行。他抓緊一切時間苦修，夜裡甚至不肯躺下好好睡覺，而只在禪榻上坐著小憩一會兒。

一天夜裡，突然有一個美豔的女子出現在浙僧面前。浙僧知道這女子是魔，無論對方怎麼用言語挑逗，始終閉目打坐，不見不聽。因為他心正，那女子始終無法靠近禪榻。

從那以後，女子每到夜裡都會出現在那間僧房。可無論她使出何種妖媚手段，都無法誘惑浙僧。有一天，她突然站在離浙僧很遠的地方說：「法師您的定力確實很高，我實在該斷絕念想……」她先將浙僧的修為誇獎一通，然後勸說浙僧道，他的修為已到了「非非想天」的境界，如果能允許她靠近，她一定能像摩登伽女一樣被浙僧感化，就此皈依佛門。

浙僧心動，心想正好可以利用此女來考驗自己的定力，便坦然答應。女子得以近身，誰料在她的挑逗下，浙僧一失足成千古恨。他的戒體因此毀於一旦，最終鬱鬱而死。

紀曉嵐評論道：「磨而不磷，涅而不緇。」意思是說，只有真正意志堅定的人才能不受到環境的影響。幾乎所有自負於自己的能力與定力，「開門迎盜」的人，最終都會一敗塗地。

我們與身邊那些優秀的人最大的差別在於，上班期間明明應該遠離手機，偏偏將手機放在眼前，隔幾秒就瞄一眼手機介面；減肥時明明應該對各類美食眼不見心不動，偏偏四處搜羅美食資訊，還不斷麻痹自己「吃完這頓就減肥」；結婚了明明應該潔身自好，偏偏對各種誘惑滿滿的單身派對來者不拒，美其名曰「考驗自己的定力」……

而精英人士哪怕斬斷不了內心的享樂欲望，也能主動遠離惡劣環境。他們一面積極接觸那些意志力強大的人，一邊想方設法給自己創造一個毫無干擾的環境。

要知道科學研究早已表明，人的大腦中存在一個與生俱來的獎賞系統。食物、水等與生存息息相關的「天然獎賞」能啟動我們大腦中的獎賞通路。而所有的成癮性物質亦能產生同樣的效果，使大腦始終處於興奮狀態。有心理學家用「可卡因頭腦」來形容這種情況。

除非你有超越常人的意志力，除此外你根本無法駕馭內心的欲望。孔子說：「是以君子必慎其所與處者焉。」意思是君子一定要謹慎地區分、選擇自己所處的環境和相處的人。所以，在欲望面前千萬不要大意，須知一念之差，便是萬劫不復。

網上有句話說得好：「**最好的定力，就是不去測試定力！**」不要和誘惑較勁，你應該離得越遠越好。盡量結善緣，遠離惡緣，如此才能立於不敗之地，收穫精彩的人生。

情緒低落時會使人屈服於誘惑

美劇《六人行》中有這樣的情節：羅斯和瑞秋是一對歡喜冤家，一路走來分分合合。終於有一天，兩人互表心意並確定了戀愛關係。正在這段時期，瑞秋找到了一份新工作，生活發生了翻天覆地的變化。見瑞秋與辦公室的同事關係親密，羅斯深受打擊。

在情緒最為低落的時候，羅斯遇到了一位女孩。原本潔身自好的他卻輕易敗給了誘惑。發現羅斯與別人有過一夜情的行為後，瑞秋極度憤怒，他們的關係徹底鬧崩。

相關心理學家提出，人在極度焦慮或者情緒低落的時候，會更容易屈服於誘惑。只因這是大腦「援救任務」的一部分。比如，當人們的生命受到威脅時，人腦會發出警報。

而當我們陷入低落情緒中時，大腦也會產生同樣的反應。為了保護你，你的大腦會想方設法地維護你的心情，並一步步指引著你去做它認為的能讓你感到興奮的事情。

神經科學家亦證明，當人們感到憤怒、悲傷或者處於自我懷疑中的時候，大腦就會自動進入尋找獎勵的狀態。大腦確信，只有得到那份獎勵才能獲得快樂。而你的大腦給予你的「承諾」會引導你做出各種逾規行為。於是，你的理性敗給了本能。

壓力之所以能勾起欲望，與「恐懼管理」理論息息相關。這一理論由心理學家傑夫・格林伯格等人提出。任何人在聯想到與死亡有關的事物時，大腦都會產生恐懼的反應。在大腦的指引下，你會去主動尋找「保護傘」，以此獲得心靈的慰藉。

而能夠讓我們得到慰藉最直接的途徑，無非是屈從於各種誘惑和欲望。比如，菸民們在看到吸菸警示後，內心倍感壓力的同時，會更渴望抽菸。這種在誘惑裡尋找慰藉的行為，明顯是一種逃避心理。這種心理雖然可以讓我們暫時避開危險，卻可能會成為我們墮落的開始。

另外，當人們被罪惡感緊緊包圍的時候，輕易便能掉入欲望的深淵。這與心理學上的「破罐破摔」效應有著千絲萬縷的關係。你是否也有過這樣的體驗：

減肥餓了好幾天，忍不住美食誘惑偷吃了一口。一想到自己破壞了先前立下的節食計畫，你心裡便湧起極度的負罪感。情緒崩潰時，你索性大吃大喝起來。

為一次比賽準備了好久，誰料竟敗得一塌糊塗。這深深打擊了你的自信，從那以後你徹底拋下上進心。過得頹廢墮落還這樣安慰自己：「該吃吃該玩玩，反正已經失敗了。」

飲食研究員珍妮特・波利維和皮特・赫爾曼提出的「那又如何」效應恰恰印證了「破罐破摔」效應。他們發現人們在負罪感刺激下，反而會被欲望所束縛。

比如，那些輸紅了眼的賭徒總是無比渴望翻本，在巨大壓力下，他們會想：「反正已經輸得一塌糊塗，多輸點兒又如何，說不定再玩一把就贏了。」

經典港劇《創世紀》中，許文彪的墮落發生在他人生的低谷期。他為人處世的信念被摧毀，他對自己所堅守的一切都產生了深深的懷疑。以往，哪怕外界誘惑再多，他也能做到心直口正，不為所動。欲望卻在他心理防線最為脆弱的時候乘虛而入，徹底吞沒了他。在欲望的驅使下，他害死了好友的父母。從此一步錯步步錯，他徹底走上了絕路……

人在遭受挫敗時，情緒會陷入低谷。這會讓你成為誘惑的「靶子」。與此同時，你的屈服又會令你內心湧起深深的羞恥感、罪惡感、絕望感以及失控感。

你迫切地想要讓自己快樂起來。這時候最廉價、見效最快的改善心情的方法是什麼？當然是不能做讓自己情緒更為低落的事。為了獲得片刻的歡愉，你一次又一次地放縱自己，徹底沉溺於情欲、口腹之欲及其他感官享樂中。在這種惡性循環中，你毫無意志力可言。

切記，遭遇挫折的時候，千萬不要用糟糕的方式去舒緩情緒，這只會讓你在錯誤的道路上積累越來越多的痛苦，始終無法得到救贖。擁有豐富的生活經驗和人生閱歷的人不會任由自己墮落下去，為了調整好自己的狀態，他們會採取各種小技巧，如：

1. 好好地睡一覺

睡眠是最好的自我修復的方式。備受挫折的時候，不妨放下一切雜念，先去好好睡上一覺。八小時不夠就睡足十小時，睡醒後心情自然會變得好起來。

2.冥想

感到焦慮或者情緒低落的時候，找到一個靜謐的角落。一個人靜靜待著，進入深深淺淺的冥想狀態。在這個過程中，內心躁動的欲望會漸漸平復下來。

3.練字

心浮氣躁的時候，練字是一種好的自我調整的方式。嘗試著去培養這一習慣，每天抽出一點兒時間去寫寫字，不僅能讓心情鬆弛下來，還能讓你獲得一種奇異的滿足感。

人在不開心的時候，大腦更容易受到誘惑。一旦你向欲望投降，那種罪惡感與內疚感又會導致情緒持續惡化。想要得到真正的快樂，從一開始就要將誘惑果斷扼殺在搖籃之中。

沉浸在一份具有挑戰性的工作中，能取代感官刺激

日劇《百元之戀》中，女主角齋藤一子是個大齡宅女。她無心幫助打理自家

的料理店，整日沉溺在遊戲中，過得頹廢無比。後來，一子被迫搬離家中，並在一家百元超市裡謀得收銀員的職位。這份工作枯燥至極，令她的心情越發苦悶，只能在食物和遊戲中獲得慰藉。

一子慢慢愛上了常來光顧便利店的拳擊手狩野。誰知後者對她並無多少情誼。極度壓抑之下，一子選擇去學習拳擊。從那以後，一子像是變了個人似的。她不再迷戀食物，也不再沉迷於遊戲世界中。她享受著在擂台上揮汗如雨的感覺，苦練之下，她連眼神也變得樂觀積極起來。雖然最後一子輸掉了那場關鍵性的比賽，但她的人生卻從此煥然一新。

心理學家米哈里提出，令人們樂此不疲的活動通常可分為兩大類：

1.感官享樂

即肉體能夠享受到的快樂。

2.心流體驗

即全神貫注地投入某種活動中，乃至遺忘時間及對周圍活動的感知。

「吃」對人類來說是一件無比愉悅的事情，「用餐」則為人類帶來最高的快樂指數。別的感官刺激也會充分挑動人的神經，但是，人不可能一直沉醉在肉體歡愉中。人對「食色」的需求往往在達到極度飽足的狀態後便會產生厭倦之情。超出太多，甚至覺得噁心。

米哈里卻發現，人若能得到極致的心流體驗，那種快樂程度將超過一切的感官享樂。他將其定義為「一種將個人精神力完全投注在某種活動上的感覺；心流產生時同時會有高度的興奮及充實感」。具體的表現為：全神貫注地沉浸在一份十分吸引自己的、與自己能夠相當又極具挑戰性的工作中，對過程中的每一分每一秒都記憶猶深。

為了佐證這一猜想，米哈里曾設計了一個心理學實驗：每天八次進行隨機、隨時的幸福感調查，結果顯示，不同階層、不同職業、不同身分的人在從事某一類活動時，會獲得極高的幸福感。而這種幸福感和滿足感能為人們源源不斷注入精神力量。

想要克制欲望，先從攻心開始。當我們處於深度工作狀態中的時候，很難產生吃、玩的欲望。一旦被打擾，會產生極度不悅的情緒。我們一遍遍重複著深度工作的過程，能力得以增強，意志力得到了鍛煉，人生目標也漸漸明晰。這與心理學家塞利格曼的說法亦不謀而合，在他看來，人們所擁有的「沉浸式體驗」越豐富，心理資本就越富裕。

相反，如果一個人對自我感受過分注重，就很容易產生消極情緒。這便為欲望的滋生提供了適合的「心理土壤」。而一項具有挑戰性的工作、一個有意義的目標卻能很好地轉移我們的注意力。當我們全心全意地投入其中，將自我意識與工作本身緊密結合起來時，才能獲得內心的平靜與喜悅。很多人在這種沉浸式體驗中慢慢修復、調整自己的心理狀態。

比如，電影《被嫌棄的松子的一生》中，每當松子沉迷於一段又一段無望的愛情時，人生基調都是灰暗的。她沒有明確的目標，於是過得一日比一日頹廢。

有一段時間，松子成為理髮師。這份工作令她的藝術審美得到了很好的發揮，對她而言十分具有挑戰性。她整日忙於工作，內心獲得了一種久違的充實與滿足感。

後期，她獨自一人居住在那個髒亂的房間裡，不工作，不與人交流。為了消解內心的空虛感，她放任自己沉溺在口腹之欲中。於是，她的身材日益腫脹，前途越發晦暗……

哲學家們總在勸導世人要遠離感官享樂。只因感官帶來的快樂並不持久，強烈的刺激後，當事人只會覺得空虛乃至羞愧，除此外毫無進益。更糟糕的是，感官享樂會引誘人沉溺其中，讓人遠離對自己更有幫助的人群與活動。但「心流體驗」所帶來的滿足感卻不同了。這種快樂與滿足感「壓榨」著我們的潛能，挑戰著我們的極限，逼迫著我們前行。

想要擺脫欲望的束縛，就去追求更多的「沉浸式體驗」。首先，你得為自己尋找一份具有挑戰性的工作。這份工作必須符合這些特徵：外在挑戰與內在能力相匹配；能讓你產生控制感；能讓你自動自發地開展持續性的創作；能夠立即得到回饋等。

挑戰性太低的工作只會讓你感到無聊，完全無法將你的注意力從感官享樂中搶過來。難度太高的工作久攻不下時，會讓你覺得疲乏，情緒消沉。你所要從事的工作必須是你擅長的、感興趣的，且與你的能力相當。它能帶給你控制感、成就感，又能完全激發出你的潛力。如此你才會有意識地集中注意力，並願意百分之百地投入心智和心力。

抵制欲望，說白了就是能合理地管控自己。當我們沉浸在一份具有挑戰性的工作中，能享受到的是一種類似「巔峰狀態」的愉悅感覺。我們能體會出最深刻的意義，亦能發揮出最高的水準。而當我們快樂地向著目標進發的時候，種種誘惑都將被拋在腦後。

不要在意志力快消耗完的時候做決定

人的意志力是有份額的。千萬不要在精力疲乏或者意志力快消耗完的時候做決定，尤其是這個決定關乎你的未來的時候。

有本書叫作《意志力：重新發現人類最偉大的品質》，作者在書中提出了「自我虧空」理論。他解釋說，我們每天的意志力儲備是有限的。人的大腦裡存有一個「理性軍火庫」，每當誘惑來臨，都需要從「理性軍火庫」領取彈藥去消滅誘惑。拿得越多，庫存就越來越少。當「庫存過低」也就是意志力快要消耗完的時候，面對誘惑不要輕舉妄動。

社會心理學家鮑邁斯特和其同事曾做過一個經典的「巧克力餅乾和蘿蔔」實驗。他們先將所有受試者都聚集在一間實驗室裡，並邀請受試者參加一個智力解謎遊戲。

這間實驗室「暗藏玄機」。研究人員故意烘焙了香噴噴的巧克力餅乾，將其擺放在桌子上。第一組受試者被邀請品嘗了香脆的餅乾，每個人都說味道很好。第二組受試者卻被邀請品嘗了普通的白蘿蔔片，大部分人都流露出失望的神色。

之後，研究人員請兩組受試者去解析這道幾何智力遊戲。其實這個解謎遊戲根本沒有答案。研究人員真正想知道的是受試者究竟能堅持多久才會選擇放棄。

也就是說，這其實是一個與自制力有關的測試。結果很快出來了：第一組受試者頑強堅持了二十分鐘才放棄解題；第二組受試者平均堅持了八分鐘便紛紛繳械投降。

鮑邁斯特總結說，第二組受試者之所以表現出更低的自制力，很大一部分原因在於之前他們必須運用意志力去抵抗香噴噴的巧克力餅乾對他們的誘惑。

意志力說白了就是和欲望相博弈的過程。研究表明，日常生活中人們最常抵制的誘惑分別為食欲、睡欲、休閒欲、購物欲、性欲、交往欲等。在接踵而至的誘惑面前，很多人往往已挺過了很多關卡，最終卻因為一個錯誤決定一敗塗地。

一位情感博主分享心情說：「真的不能在深夜的時候做重大決定。」有很多粉絲在評論中問為什麼。她解釋說，人奔波、辛苦了一天，又累又疲倦。夜晚往往是人最孤獨最脆弱的時候，意志力早已消耗殆盡。這時候做下的決定，大部分是錯的。

從早晨起床到夜晚入睡前，這一過程中如果你已經做了無數個決定，對無數個誘惑說了「不」，那麼你很可能已經陷入了「決策疲勞」裡，再做決策的時候就要慎重。

那麼，我們應該如何運用自身有限的意志力去和欲望搏鬥，從而做出更理智的決策呢？不妨按照「二八原則」，對自己需要關注的事情進行重要性劃分。將一些艱巨任務分散在不同時段去處理，盡可能地節約意志力，減少自我損耗。

其次，靜下心來好好思索這樣一個問題：對於現階段的你而言最重要的事情是什麼？不要本末倒置，在那些不重要的事情上浪費太多意志力，這可能會導致一連串決策失誤，令你陷入欲望的漩渦中無法自拔。比如，你想減肥，於是拚命地節食。意志力消耗殆盡後，你可能會買很多吃的玩的東西來滿足自己，或是大睡特睡，甚至做出各種不理智的決定。

意志力不足的時候，記得及時「充電」，而不要忙著做決定。而為意志力充電的方法很簡單，早睡早起，讓身心都得到足夠的休息。白天精神疲累的時候補充健康零食，提高血糖。充沛的精神和清醒的大腦讓我們在面對誘惑的時候無比自信與強大。

第五章　謀取權力的欲望，讓你遺忘了初心

人為什麼有玩弄權力的欲望

微博上一條感悟令人深思：「政治往往伴隨著鮮血。在權力角逐中，親情一錢不值，權力是人們眼中美味無比的蛋糕，每個人都要爭著去舔上一口，哪怕是最微小的一口，也會興奮得大叫，如同經歷了酣暢淋漓的高潮。」

千萬不要低估任何一個人對權力的欲望。英國哲學家伯特蘭・羅素在《權力論》中這樣描述權力：「假如可能的話，人人都想成為上帝。」當今社會中，

無論哪一階層的人，都對權力趨之若鶩。而幾乎所有行業的「潛規則」，也都與「權力欲望」息息相關。

迪士尼動畫片《獅子王》中，辛巴的父親木法沙是一位極具威嚴的國王，而辛巴的叔叔刀疤卻對木法沙所掌握的權力垂涎不已。為了登上王座，刀疤設下計謀，殘忍地殺害了自己的親哥哥。之後刀疤特意派出嗜血的鬣狗，只為了將年幼的侄子趕盡殺絕。

《獅子王》中刻畫的動物社會與人類社會相差無幾。其中的權力鬥爭都伴隨著血淋淋的陰謀。無論是人或是動物，一旦沾染上權力，都很難逃脫其牢籠。

那麼，人為什麼有玩弄權力的欲望？先來瞭解權力的定義。權力一詞原先專指古羅馬法官頒佈法令的權力，後在政治學上演變為「發號施令」的一種強制力。有專業人士認為「權力欲」是「控制、操縱他人的意願」；而「控制欲」則是「影響環境的意願」。

權欲的形成因素很複雜，與生物內心深處的一種特殊感應「權力動機」息息相關。從心理學和生物進化論的角度來看，權欲是生物本性之一。

人類包括很多動物對權力有著天生的喜好。我們都希望成為主宰一切的強者。這是為了更好地適應自然法則，在優勝劣汰的生存競爭中獲得更多資源，佔據不敗之地。

心理學研究者溫特認為，「權力動機」可分為兩種：積極的權力動機和消極的權力動機。前者是一種驅動力，促使生物孜孜不倦地謀求團體中的領導職位或「組織社會中的支配權力」。而且一般會產生積極的成果。比如，狒狒群中，永遠存在著一位德高望重的頭領。

而消極的權力動機是一種「害怕失去支配權」的心理。為了滿足自己扭曲的權力欲望，當事人往往會採取種種過激手段。比如，排擠、毆打、虐待甚至屠殺，等等。

權力不一定意味著攻擊性，但熱衷權力的人骨子裡往往隱藏著很強的攻擊傾向。有心理學家提出這樣的觀點，一個人權力動機的強度，大致由兩大因素所決定：

1. 社會控制需求

當一個人面臨激烈的社會競爭時，會對自身的控制水準產生不信任的感覺。為了轉移這種不安全感，他會想方設法地獲取更多權力，更多生存空間。

2. 對自身價值的肯定度

一個人若對自身能力十分自信，他就會無比渴望獲得相應的地位、權力，以匹配自己的天賦與能力。這樣的人通常有著強烈的權力動機。

無論是積極的抑或是消極的權力動機，一部分都來自人們的生存本能。另一部分則是受到後天環境的「輻射」而形成。它包括物質環境和精神環境。比如，在資源有限、競爭激烈的企業中，基層員工為了改善生活，往往會對管理職位產生極度的渴望。

在當前的社會環境中，人們對權錢的追逐幾乎達到了頂點。中國青年報社會調查中心曾針對二〇七五名普通人展開調查，結果顯示，百分之九三點三的受訪者感覺當下年輕人急功近利、權錢欲望高漲的心理較為普遍。在這個商品經濟飛速發展的時代，權力將不同階級的人微妙地聯繫了起來。年輕人一踏入社會便不得不接受「權力魅力」的薰陶。

當消極的權力動機蓋過積極的權力動機時，權欲幾乎成了一種傳染病。凡是為了權力不擇手段的人，最終會被欲望所吞噬。只因玩弄權力的人最後必然會被權力所玩弄。

美劇《權力的遊戲》中，「小指頭」貝里席是個不折不扣的陰謀家。原本出身貧寒的他為了一步步爬上權力的高階，幾乎將壞事做盡，而他的拿手好戲便是挑撥離間、陰謀暗殺。可以說整個維斯特洛大陸的戰爭都是由他引發的。而這場戰爭令無數無辜平民陷入了水深火熱之中。在這種權力遊戲中，貝里席堪稱最高階的「玩家」之一。

可貝里席的下場卻頗為淒慘。當「狼家姐妹」看穿了他的陰謀把戲和險惡用心後，無論他說再多的花言巧語也無濟於事。最終，他慘死在了冰寒之境。

人人都嚮往權力。智慧的人卻不會被這份嚮往遮住雙眼，就此走偏人生的道路。記住，當你迷信權力並不擇手段地追逐權力的時候，欲望會給你戴上枷鎖，將你送入地獄。

越是有點兒小權力的人，越是喜歡折騰人

一張截圖曾在網上引發了很高的熱度。某高校學生群裡，一位女生標註了某學長，向其問了個問題。誰料管理員口氣不善地回覆道：「楊主席是你能直接標註的嗎？」還爆了粗口。又有一位管理員立即在群裡提醒大家要注意自己的身分和說話的方式。

另一則新聞也很令人感慨：一所高校的學生爆料，中秋節時學校社聯組織部的一位部長在群裡發佈一條「宣告」，要求各位小幹事給部長、主席發祝福資訊，不能打錯名字。

結果社聯組織部有位新成員在給某部長發祝福短信時，不小心搞錯了名字。那位部長頓時大發雷霆，趾高氣揚地回覆道：「把我的名字抄五十遍，開大會檢查。」

網友紛紛吐槽道：「不都是學生，耍什麼官威？」、「權力看來不僅僅是成

年人的遊戲了，現在學生也學會了拍馬屁那一套……」

不知道你有沒有注意到這樣一個現象：越是有點兒小權力的人，越喜歡耍威風、無所不用其極地折騰人。

俗語說：「閻王易見，小鬼難纏。」一旦「小鬼」手中多了點兒權力，便立馬享受起了身處高位的快感。為了彰顯自己的存在感，他們會在權力範圍內使勁地折騰、為難他人。看到別人被折磨得身心俱疲的樣子，他們反而覺得無比快活與滿足。

過於強盛的權力欲望會削弱人們的同理心。平時老實本分、溫良敦厚的小市民，一旦被賦予了另一個身分，對他人多了點控制權，立馬變得面目猙獰起來。

著名學者吳思在《潛規則》一書中寫道，擁有一項或多項權力的人，容易用各種冠冕堂皇的理由來對別人造成傷害。他將其總結為「合法傷害權」。比如，公司老闆可以隨意強迫員工加班，或無條件開除員工；導師逼迫學生對其言聽計從，一發生不順心的事情就讓學生延期畢業……

普通人之所以會對位高權重者無比畏懼，甚至無底線服從，就是因為握有權力的人牢牢掌控了這種「合法傷害權」。他們能無所顧忌地傷害別人，卻很少背負責任。

然而，就在我們對權力畏懼臣服的時候，心中也被埋下了一顆欲望的種子。越是害怕，便越是渴望。一旦手中真的多了些權力，很多人立馬翹起了尾巴，隨心所欲地壓榨其他人。

如果你手中恰好掌握了那麼一點兒小權力，更要一刻不停地修剪欲望，讓心中警鐘長鳴。比如，身為政府公職人員，就要時刻提醒自己，要公正執法，積極守護人民的利益和社會的平安；身為人民教師，就要公平公正地對待每一個學生，做善良正義的代表；身為公司老闆，就要尊重下屬，不亂擺官架子，始終以清晰明確的制度管理人……

權力之所以讓人上癮，在於它會麻痹人的神經，給人一種錯覺。那些擁有點兒小權力的人，往往自視甚高，不停在內心叫囂：「我太厲害了！」「我掌控著這一切！」殊不知，當他們翹起尾巴的時候，暴露的卻是自己空空如也的腦袋和膚淺的靈魂。

越是站在權力邊緣的人，對權力越渴望

電影《王的盛宴》中，有這樣一段台詞：「大多數人，一生都看不透自己。就像我，當年在秦國小鎮豐邑的時候，我的生命像井裡的水，卑微而平靜。而當我進了秦王宮之後，就徹底打開了一扇門，讓我看到了自己心底，像大海一樣的欲望……」

一位網友問道：「一個人在什麼時候對權力的欲望最大？」有人回答：「應該是你在享受到權力的好處時，偏偏被更高級的人壓迫的時候，對於權力的渴望最大。」

有人斷言，這世上只有一種人能抵受住權力的誘惑，就是那些遠離權力、從未嘗試過權力滋味的人。而那些站在權力邊緣的人，無論男女老少，都會拚盡全力地去爭取權力。

《甄嬛傳》中，安陵容後期變得陰狠歹毒、面目可憎。然而想起她初入宮時

的模樣，卻也不過是一個單純無害、心性敏感的弱女子。有網友說，如果安陵容被撂了牌子，失去了入宮的資格，然後按照既定的命運嫁到尋常百姓家，或許她的一生都將平靜無波地度過。

一入宮門，相當於被捲入權力的漩渦中。赤裸裸的權力鬥爭激發出了安陵容內心的陰暗面。她被欲望迷亂了心性，慢慢遺忘了與甄嬛的友情，遺失了初心。

離權力越近的人，越容易受到蠱惑。曹琴默的經歷更證明了這一點。一開始寄生於華妃宮中的時候，她的聰慧無人能及，所以總能明哲保身。與甄嬛聯手鬥倒華妃後，她被晉升為嬪位。侍女與高采烈地向她道喜，那一刻她初嘗權力的滋味，內心的欲望不禁噴湧而出。

她淡淡笑著說：「先別忙著道喜，這還只是個嬪位。妃、貴妃，我要一步一步爬上去……他日莞嬪若要阻我封妃之路，我照樣不會手軟！」

《權力的遊戲》中有句經典台詞：「我們這些普通人一旦嘗過了權力的滋味，就像食過人肉的獅子，再吃別的都是味如嚼蠟。」對於人的舌頭來說，那種甘甜的滋味有著最大的誘惑力。權力本身是五味雜陳的，然而，一旦有人品嘗到它的甜時，就會變得貪心無比。殊不知，其他苦澀、辛辣等滋味卻埋伏在後，等著你忘乎所以時給你帶來沉重的打擊。

沒有嘗試過權力滋味的人，永遠也無法體會到那種成就感、自信感、唯我獨尊感不斷膨脹，最終到達頂峰的感覺。但凡見過你的人都對你阿諛奉承、卑躬屈膝。他們因為你一句話歡喜不已，因為你一個皺眉戰戰兢兢。你輕輕一揮手，就能決定他人的前途和命運。當你見識了並體會過權力帶來的滿足感和幸福感，自然會對權力頂峰產生無限幻想和渴望。

古今中外，無數前車之鑒告訴我們：面對權力誘惑，貪婪地迎面而上，可能會摔得屍骨無存；適時急流勇退，卻能成全內心的信念，獲得夢寐以求的自由。

那些品嘗過權力的甘美滋味，卻始終保持淡然心境並能在關鍵時刻撒手放權的人，無疑是真正的智者。歷史上的范蠡曾選擇在聲勢最高時歸隱山林，他是權力面前拿得起放得下的典範。李斯之徒卻是反面教材，他們一手遮天、貪戀權勢，最終下場淒慘。

東漢開國名將馮異為人謙遜，每次行軍途中與其他將領相遇，他總會引車避道，而不是利用權勢來壓迫對方。每次打了勝仗，將軍們討論各自的功績時，馮異卻很少參加。他習慣坐在大樹下，離大家遠遠的，時而凝神遠眺，時而閉眼沉思。人們見馮異將軍總是安靜地倚靠大樹而坐，卻對權力之爭不屑一顧、無動於衷，紛紛稱呼他為「大樹將軍」。

與馮異相比，韓信卻有著截然不同的命運，只因為後者在權力的把握上稍遜一籌。韓信能力突出，戰功累累，連劉邦都不由得感慨道：「戰必勝，攻必取，吾不如韓信。」這聽起來是一種讚譽，其實是一份警醒、一份暗示。可惜的是，韓信被內心不斷膨脹的權力欲望攪亂了理智，將劉邦的暗示拋到腦後，最終迎來了「死屍一具」的結局。

站在權力邊緣的人，誰想利用手中的權力為所欲為，誰就會成為權力的附庸。那些永不知足地攀登權力的頂峰，不知收斂野心的人，縱然風光無限、顯赫一時，卻也免不了凋零落敗的命運。屠龍的少年最終變成惡龍的故事我們都很熟悉，它告訴我們：**越是站在權力的邊緣，越要潔身自好**，時刻牢記心底紅線，用制度規範自身行為。

權力一旦「任性」起來，就會帶來災難

電影《史丹佛監獄實驗》描述了這樣一個故事，一九七一年任教於美國史丹佛大學的心理學家飛利浦決定要實施一場「監獄實驗」。為此，他召集了廿四名男性志願者。

這廿四名志願者都是大學生，身體健康，心智健全。他們互相之間不認識，沒有入獄經歷，也沒有吸毒等不良愛好。飛利浦在同事的幫助下，在史丹佛大學的教師辦公室中臨時搭建了一個模擬的監獄。隨後他告知所有的志願者，這場實驗將持續進行十四天。

廿四名青年男子中，十二名被分配了獄警的角色，十二名充當囚犯。實驗明確規定：獄警不能毆打、攻擊囚犯。讓飛利浦始料未及的是，實驗進行的第三天，獄警和囚犯之間的矛盾幾乎一觸即發。獄警似乎很快便進入了角色，囚犯也變得緊張不安。

扮演獄警的學生被賦予了「至高無上的權力」。他們開始有事沒事地找囚犯麻煩，隨口辱罵、體罰成為家常便飯。囚犯們一開始還有心反抗，慢慢地他們選擇了服從。獄警們反而變本加厲地壓迫他們。更可怕的是，組織這場實驗的飛利浦教授似乎也有點兒「走火入魔」。隨著他內心的權力欲望越發高漲，他打心眼裡認為自己是這群人的主宰者……

這部電影根據歷史上真實事件改編。實驗中所反映的真相令人不安，它告訴我們，人內心的權欲若隨著周遭環境的變化肆無忌憚地膨脹起來，會有多可怕。

年輕人總將「有錢任性」、「有顏任性」掛在嘴邊。金錢屬於個人財產，任性地豪擲千金似乎也無可厚非，畢竟這屬於個人行為。顏值驚人，或許也可以任性一下，畢竟顏值要麼是天生的要麼靠後天保養得來。唯有權力，不允許有絲毫的任性。

只因權力一旦被濫用，一定會衍生出無數風波和災禍。心理學家分析說，人都是情緒化動物，會在情緒激動的時候做出不理性的行為。而且，人性是經不起考驗的。任何人都會在某種特定環境下，被欲望驅使著，肆無忌憚地展露內心邪惡的一面。

權力相對小者，任性起來可能促使一個群體或一個組織中的全體人員「遭殃」。權力者擺出一副「反正我有權愛怎樣就怎樣」的囂張嘴臉，要麼誤判形勢胡亂決策，要麼言而無信令人心寒，要麼手段卑鄙，肆意妄為地欺壓、打擊他人……

手中握有「至高」權力者，任性起來更會遺禍無窮。「二戰」時期的希特勒，一度驕橫無比，無數猶太人慘死在他的任性決策下。歷史上類似的事例多不勝數。一本名為《權力的人性：人類歷史上最糟糕的決策》的書講述的就是一些大人物，如何任性地運用手中權力做出了糟糕的決策，而這些決策又給整個社會乃至後世留下了怎樣的負面影響。

若手中的權力是人民賦予的，身處高位者更要小心謹慎、如履薄冰。為官之道關鍵在於平易近人、為民辦事。只因人民賦予的權力屬於公共財產，手握權力之人必須在嚴格監管下承擔責任履行義務，盡職盡責。而不是借權謀私，毫無底線地滿足自我貪欲。

有句耳熟能詳的諺語叫作「當官不為民做主，不如回家賣紅薯」。這句諺語背後說的是一個戲曲故事。明朝嘉靖年間有一位地方縣令，名叫唐成，是個小小七品芝麻官。他生性剛直不阿，哪怕面對的是奸臣的通天權勢，他亦不畏不懼。正因他從不任性地對待手中權力，一向公正斷案，為民做主，他的故事才被編成戲曲，被老百姓傳唱至今。

其實，讓你當上公司的領導，是為了讓你帶領好團隊促進公司發展；讓你成為政府機關的辦事人員，是為了讓你利用好手中的權力，全心全意地為人民服務……

這些才是權力的初心與本質。所以，不要有了點兒權力就任性折騰，以權壓人。別忘了很多時候他人對你畢恭畢敬，言聽計從，並不是因為你多麼有才華多麼有能力，不過是因為你掌握了一定的實權而已。將權力緊握手心的時候，被捧得高高在上，並不是一件了不起的事。你該等自己卸下「光環」時，再去聽聽人們的評價。如果大家此時還發自真心地尊敬你，感謝你曾善用權力，公平公正地關照每一個人，這才是真正的了不起。良好的權力運行能促進社會的和諧穩定。

一個人的權力無限大，欲望也可能也會隨之增加

電影《蝙蝠俠前傳》中有這樣一個場景，為了尋找到死敵「小丑」的行蹤，蝙蝠俠命令助手運用跟蹤技術去監聽所有人的電話。跟隨了他半輩子的老助手卻說：「做完這件事情，我將離開您，我很難想像一個人權力大到這種程度會對世界有什麼災難。」

助手在害怕什麼？這位見過太多風浪的老人明白，**當一個人的權力到達頂峰時，他也將擁有無限欲望**。哪怕是蝙蝠俠，也很難保證靈魂不受欲望的浸染。

當一個單純的人手握權力時，他的欲望會隨之膨脹。當欲望得到了一定的滿足，他就會迫切地渴望擁有更大的權力。人的權力與欲望是呈正相關的，它們相互糾纏，不斷高漲、昇華。只是，所有的天真消退後，便只剩下權力的欲望。

精神分析學家阿爾弗雷德・阿德勒認為，每個人心中都藏著不同程度的權力動機，在不同時期有不同體現。阿爾費雷德說，嬰兒和孩童面對更有力量、更理

性成熟的父母時一方面無比依賴，一方面卻又會對自己的渺小懷有潛在自卑感。權力欲望因此有了滋長的空間。隨著孩童逐漸長大，邁入青春期，變成成年人，他們的權力欲望會隨著時間的流逝一天天增大。這其實是為了掩蓋內心深處的自卑感。

阿爾弗雷德又提出，權力動機的強度是分層次分等級的。當一個人獲得一定權力時，隨之膨脹的欲望會促使他的權力動機轉向下一個更高的權力目標。

有人說，愛德格·胡佛是一個典型的「權力進化者」。這一點，從電影《胡佛》中便可窺一斑。電影描述了愛德格·胡佛的一生。初出茅廬時，胡佛只是司法部的一個小職員。因為過人的偵查能力，他不斷受到重用與提拔。就在這個過程中，他的野心越來越大，所追求的目標亦發生了質的變化。而他的人生轉捩點發生在一九二四年十二月十日。

那一天，胡佛被任命為美國聯邦調查局（ＦＢＩ）的局長。當手中握有了實打實的權力後，胡佛心中掌控一切的欲望被徹底點燃。在他的指揮下，ＦＢＩ有了完整的指紋檔案系統和犯罪實驗室。在這個嚴密有序的機構裡，胡佛成了說一不二的「君主」。

然而，這一切都無法讓胡佛滿足。隨著他的影響力越來越大，他甚至干預起了華盛頓主要機構的各個角落。對此，有人說：「他的權力似乎已經脫離了政府，因為他們從來不聽首席檢察官的命令，也不聽美國總統的命令，唯一能給他們發號施令的只有胡佛。」

到了後期，胡佛開始用各種手段監聽、遙控、中傷他人。他的性格變得越來越強勢狹隘，冷酷無情。他頻頻對身邊的人撒謊，對誰都不信任。而他的親人、朋友、得力助手亦不斷與他爆發衝突。最後他孤獨地死在了冰冷的地板上……

胡佛對權力的濫用很能夠說明一個問題：當一個人的權力大到一定程度時，他便有了做出任何事的動機。此時，他內心強烈的欲望和高強度的權力動機彼此糾纏，令他迷失了自我。為了獲得更大的權力，他可以罔顧法紀乃至違背人性。

普通人的權力動機可通過多種方式去滿足。比如，在成長的過程中不斷取得成就。包括學業有成、事業進步、人際關係融洽等都能讓人感到身心愉悅。而對一些欲望較小的人來說，做了一桌美食、寫了一篇出色的散文，都能滿足他們心中的權力動機。

對於天生權力型的人來說，他們通常有著非同尋常的權力欲和控制欲。這樣的人往往性格鮮明、能力很強，能輕鬆地晉升高位。只是，當他手中握有的權力一次比一次大時，他心中的欲望也一次比一次多。如果他們任由欲望氾濫，權力便變成了這世上最危險的東西。

當然，人不滿於現狀，才能促進自身發展，推動社會進步。但是，如果你察覺到自己心中藏著非同尋常的權力欲望，且恰好手握實權時，就一定要隨時提醒自己。努力將自己的欲望始終控制在一定範圍內，只因超出生存本能和發展需要的欲望一定會帶來毀滅。

身處高位時，學會合理放權

《琅琊榜》中，赤焰軍慘案的發生正是因為當年梁王對於權力過於迷戀。梁王的兒子祁王能力出眾，抱負遠大。朝堂百官對祁王無不尊重敬服，紛紛稱讚他是明君之選。梁王原本對其十分寵愛，但一顆愛子之心最後卻敗給了至高權力的誘惑。

赤焰軍首領林帥兵多將廣。且與祁王交好。這一切都讓梁王警覺起來。權欲生起猜忌，猜忌又致使他做下一系列錯誤的決定，這才釀造了一齣齣悲劇……

現實生活中，霸權者也比比皆是。比如，職場中經常發生這樣的事情：對於某個專案無論了不了解，主管都時不時地對相關員工教育一番，不肯放手讓後者真正大展拳腳去做。

心理學家分析說，當權者不願意放權大多出於以下兩種原因：

不敢放。處於權力中心的人一般能力強，卻很難做到信任別人。他們實在不放心將自己辛苦打下的「江山」輕易交到別人手中。

不想放。沒有人不想成為別人口中最厲害、最值得尊敬的那個人。無時無刻不端架子，同時將權力牢牢抓在手中，能滿足當權者的虛榮心。而且，權力如同領導者握在掌心的權杖，領導者靠其來施展領導力。擁有絕對權力的人害怕放權會讓自己失去對他人的控制，失去權威。在他們看來，自己若沒了一言九鼎的地位，難免會受制於人。

對於不敢放權的人來說，若處處事必躬親，除了身體會吃不消外，還可能導致處處都做不好。作為領導者，千萬不要動不動就捲起袖子親身上陣。該放手的時候就放手。唯有將權力下放，將正確的事情交給正確的人來做，才能收穫預期中的成果。

對於不想放權的人來說，要知道「高處不勝寒」的道理。身居高位的人，一不小心就可能摔得粉身碎骨。深具智慧的人卻會努力掌控內心的欲望，適度讓渡權力，給下屬足夠的空間去發揮。到了合適的時候，他們也能果斷地功成身退，絕不留戀權力。

但越是身居高位的人，越不願意退出權力的遊戲。可無數事實證明，對懂得放權收權，並做到收放自如的人來說，權力只是他們的工具。在合理的調度下，事情只會向著更好的方向去發展。而被權力欲望牢牢捆綁，怎麼也不捨得放權的人，最終會被權力所傷。

需要注意的是，授權給他人時最好做到「權責分明」。拿企業發展來說，企業領導在授予員工權力的時候一定要著重強調對應的責任。如果不去特別交代「底線」，那些乍然接觸到權力的人很可能會在膨脹欲望的驅使下，自作主張做出一些跨越界限甚至違背法規的事情。授權亦授責卻能掃清權力收放過程中的障礙，同時確保權力不會被濫用。

另外，放權未必一定要著眼於什麼大方案或核心戰略。圍繞著日常職場中的一些尋常小事，也可以進行放權，如果你想培養得力下屬，可以先從小事開始訓練他們負責任的態度。放權之前，可列出一份清單，這樣會使你的放權過程更有系統、有條理。經驗豐富的人會使用這個小訣竅：將必須由自己親自處理的事情畫去，剩下的就是「可放權事項清單」。

無數的人前仆後繼地奔馳在追逐權力的道路上，他們甚至願意為了權力和地位耗費一生的精力。千辛萬苦獲得權力之後，他們根本不想也不敢輕易放權。而聰明的人卻懂得通過適度、合理放權的方式去實現更高的管理價值，讓權力的行政效能達到最大化。

面對權力，時刻保持敬畏之心

權力是把雙刃劍。唯有運用得當，才能披荊斬棘、為他人謀取幸福，為自己贏得更多信任與尊重。有句話說得好：「玩弄權力的人輕者丟官解甲，慘澹收場，重者身陷囹圄，遺臭萬年。」手握實權的人若能時刻保持敬畏之心，再多欲望也只會被扼殺在搖籃中。

史學家王夫之曾在《宋論》中將宋太祖趙匡胤成就霸業的原因歸結為「唯其懼也」。他這樣寫道：「懼以生慎，慎以生儉，儉以生慈，慈以生和，和以生文。」

由「懼」才能生「慎」，這能讓人始終保持清醒的頭腦。然而，現實中很多位高權重的人明明已經靠著權力之便得到了太多東西，卻還是貪圖更多利益，想要掌握更大的權力。是什麼讓他們喪失了對權力的敬畏之心，變得貪婪成性？

心理學家分析說，這首先是補償心理在作祟。個體在適應社會的過程中總會有一些偏差，個體往往會為此做出一些補償性行為。一般是為了掩飾某種缺陷或克服內心的自卑，而發展自己其他長處。一些地位不凡、手握重權的人可能經歷了一個窮困潦倒、顛沛流離的童年。不幸的身世讓他們內心深處充滿了自卑，認知逐漸偏離錯誤的方向。

而在成長過程中，這種扭曲的三觀並未得到有效的糾正，反而將他們帶入了牛角尖。這樣的人一旦實現了階層逆襲，對權力是毫無敬畏心的。為了彌補成長過程中的種種缺憾，為了填滿心底無盡的空虛與欲望，他們往往心一橫，主動走上無法回頭的道路。

不擇手段地利用權力來謀取利益的人一般亦懷著僥倖心理。所謂僥倖心理，其本身指的是當事人無視事情發展的現狀，根據自己當時的心理狀況、個人好惡對事情的情況進行分析，脫離了真實現狀，違背了事物的發展規律。很多影視劇中所刻畫的貪腐官員都有著這樣的經歷：一開始的清正廉潔被一個小紅包所終結，於是，一個個「小小的腐敗」將他們的胃口撐得越來越大。嘗到了甜頭後，他們自信地認為自己有能力掩飾自己的行為不被別人發現。

隨著內心貪欲越發膨脹，他們對權力的敬畏卻越來越少。他們將自己被重用的原因總結為「運氣夠好、上下打點得很周全」，卻再也不肯全心全意地為人民服務。

一些當權者初出茅廬的時候志向高潔遠大，中途卻慢慢墮落，對待權力越發任性妄為。之所以會產生如此大的轉變，與從眾心理分不開。所謂從眾心理，指的是個人受到外界影響，使自己的心理及行為趨向於多數人的行為的方式。

在官場上，每當見到其他官員貪污腐敗卻沒有得到應有的懲罰時，那些意志不堅定的官員就會心生動搖，並產生從眾心理。在他看來，既然其他人貪腐無事，自己也不會有事。

古語云：「凡善怕者，必身有所正、言有所規、行有所止。」為了不成為權欲的奴隸，我們要始終保持對權力的敬畏之心，做到慎獨、慎微、慎初。而敬畏權力，首先要敬畏法紀，這是不可逾越的紅線。哪怕你地位再高，也要嚴格遵守一切法律法規，不能心存僥倖。

第六章　一夜暴富的欲望，讓你迷失了本心

為什麼很多人都有一個暴富夢

社會中，這樣的事情比比皆是：以各種管道一夜暴富後，有的人豪擲千金，沒過幾年便花完了所有的錢，於是鋌而走險違法亂紀，最終鋃鐺入獄；有的人整日做著暴富夢，完全喪失了勞動能力，最終淪為社會負擔；有的人輕信非法金融機構和騙子的蠱惑，把積蓄一股腦砸在了高風險專案上，結果過往的努力都打了水漂，就此家破人亡……

人的欲望是這世上最具殺傷力的東西。而金錢欲望則更具破壞力，它常常會弄得人身心迷亂、無法自拔。越是渴望一夜暴富，越容易上當吃虧。

「圓桌派」節目中，嘉賓嚴歌苓提到當年她在創作小說《扶桑》時閱讀了很多背景史料，從中發現這樣一個現象：很多華工在外辛苦打拚十年，才能攢到足夠的錢去回家娶妻生子、蓋樓。乘坐大船回家途中，華工們都擠在悶熱的船艙底下，沒日沒夜地賭紅了眼。

結果還沒到家，很多人將錢通通輸光，身上只剩下一條短褲。因為無顏回家見親人，他們連岸都沒上，就又隨著大船回了頭。嚴歌苓描述說：「和這些賭徒們談話的時候，他們會告訴你，我那一手我都有感覺……他們老覺得他們是一種必然……」

賭徒們大多會在一夜暴富的欲望的驅使下變得瘋狂無比，哪怕輸得精光也不願意停手。可怕的是，現實生活中很多人心中都有個一夜暴富的夢想。若抑制不住心中洶湧的欲望，我們也會失去理智，變成孤注一擲的賭徒，最終輸光前途和希望。

莎士比亞在《雅典的泰門》中這樣說道：「金子！黃黃的，發光的，寶貴的金子！只要一點點兒，就可以使黑的變成白的，醜的變成美的。」古人亦說：「有錢能使鬼推磨。」

生活中，有這麼幾種人最容易受到一夜暴富的欲望的蠱惑：

極其享受不勞而獲。這一類人難以克服人性中的惰性，於是長期沉溺在不切實際的幻想中無法自拔。一夜暴富恰好契合了這類人的心理，令他們迷戀不已。

幸福感低。生活中那些幸福感很低的人也很難擺脫一夜暴富的欲望。他們內心缺乏安全感，活得焦慮而懵懂，於是將自己過得不幸福的原因歸結於物質條件過於匱乏。

眼高手低。夢想很大，卻沒有能力支撐自己去實現夢想。他們渴望在極短的時間內聚斂大量財富，卻不願意去做基礎性的工作。

為什麼金錢對人的誘惑這麼大？心理學家分析說，金錢與消費、享樂等欲望總是如影隨形。一個人擁有越來越多的欲望，他就會想要得到更多金錢為自己的欲望買單。

培根曾說：「不要追求顯赫的財富，而**應追求你可以合法獲得的財富，清醒地使用財富，愉快地施與財富，心懷滿足地離開財富。**」追求財富無可厚非，金錢夢也可以是一種美好的夢想。但渴望一夜暴富到了病態的地步，甚至不惜賭上一切的人，最終必將走向懸崖峭壁。記住，一旦沾染上賭徒心態，一定會被欲望吞噬，就此葬送一生幸福。

事實上，很多優秀而強大的人都曾渴望過一夜暴富，但他們卻始終清楚那不過是個不切實際的幻想。所謂「君子愛財取之有道」，為了滿足自己的欲望，他們會腳踏實地地去奮鬥，拚盡全力地去爭取屬於自己的機遇。懷抱這樣的心態，才能駕馭財富。

中了彩票大獎，幸福感可以持續多久

在生活裡遇到一些「煩心事」時，很多人都會產生這樣的幻想：「要是能中彩票大獎就好了！」買彩票中大獎，從此走向人生巔峰，聽起來要多美好有多美好。然而，國內外很多大獎獲得者卻說，如果時間可以倒流的話，他們寧願回到當初沒中獎的日子。

英國人邁克爾・卡羅爾在十九歲那年中了樂透近一千萬英鎊的大獎。巨大的幸福感擊中了他，從那以後，邁克爾過上了無比奢靡的生活。接下來的十年裡，他先後交往了四千多名女友，終日沉迷在玩樂放縱中，過得頹廢不堪。結果，將獎金揮霍一空後，昔日的狐朋狗友都離開了他。他只能靠砍柴和撿煤維持溫飽，而且再也無法交到女朋友了。

另一位大獎獲得者安德魯的經歷也令人唏噓不已。他在二〇二〇年喜中三點一五億美元。可他的生活卻一夜間跌入了低谷。領取獎金後，安德魯無數次遭遇劫匪破門搶劫。等他將錢存入銀行，神通廣大的盜賊又將他的銀行帳號洗劫一空，導致他破產。

這期間，他的家庭生活亦發生巨變。孫女沉迷非法藥物，不幸身亡。女兒悲傷過度，也永遠離開了他。安德魯最後哭著說，他當初就該將那張彩票撕碎。

著名作家穆尼爾・納素夫說：「**真正的幸福只有當你真實地認識到人生的價**

值時，才體會得到。」很多沉迷於金錢欲望的人認為中彩票大獎的人生才叫作幸福。然而，心理學家卻一致認為，一夜暴富或者生活品質大幅度提升，並不一定能讓人對生活更加滿意。

美國伊利諾伊大學一項研究表明，哪怕中了彩票大獎，人們的幸福感也頂多只能延續三個月。早在一九七八年，就有人針對「金錢是否能帶來幸福」這一課題展開研究。研究報告顯示，接受測試的人一共有三組：廿二個普通人；廿二位樂透大獎的獲得者；廿九個遭遇事故導致下身癱瘓或者四肢癱瘓的患者。測試過程中，參與者需要每日給自己的幸福感評分。

結果顯示，中彩票大獎的人在剛開始會受到強烈的快樂與幸福感的衝擊。但是隨著時間推移，彩票贏家的幸福感會逐漸變淡。最後他們甚至比那些因為意外事故癱瘓的人更難感受到幸福。研究人員這樣總結道：中彩票在人們的想像中必然會很幸福，遭遇重大事故所帶來的痛苦在人們的想像中根本難以承受，而事實正與之相反。

不要在金錢與幸福之間粗暴地畫上等號，從天而降的財富未必是一件好事。

有很多科學研究都表明，財富與幸福感的相關度並沒有我們想像得那麼高。比如，積極心理學之父馬丁・賽利格曼曾組織團隊，對四十多個國家進行了一系列生活滿意度調查。結果顯示，一旦國民收入超過人均八千美元這個標準，財富與幸福感的相關度就消失了。

中了彩票大獎，幸福感會慢慢降低，直至最終消逝。這件事並不可怕，可怕的是陷入欲望樊籠中的人，從此變得消極頹廢、毫無理性。正如馬未都在節目中所說：「國外也有，國內也有，中了獎以後日子並沒有過好，越過越爛，妻離子散。」

其實，金錢也能買來幸福，前提是你能節制心中的欲望。哈佛大學教授邁克爾・諾頓提出，那些擁有不菲財富的人很難獲得幸福感，可能是因為他們沒有正確地去使用金錢。邁克爾經過調查發現，當一個人將金錢據為己有，他的生活毫無變化；當一個人用金錢去縱情遊樂時，內心會變得越發空虛；當一個人將錢花在別人身上的時候，反能獲得成就感。

邁克爾笑言，這或許是全世界的富豪都很熱衷於做慈善的原因。二〇〇八年，比爾·蓋茨卸任微軟CEO，他第一時間宣佈要將名下五百八十億美元的財產全數捐出去。二〇一五年，蘋果CEO庫克向公眾宣稱，在幫助侄子支付完大學學費後，他會捐出自己名下所有財產。

相關科研人員一再強調，不要將財富的多寡視為調控幸福感的手段，對幸福產生主要影響的其實是財富的使用與分配。可見，真正的幸福來自饋贈、付出，而不是佔有。

當我們想要的越來越多，我們幸福的成本就越來越高。不懂得如何正確地使用金錢，不去積極地擺脫欲望的束縛，那麼你一生很難體驗到真正幸福的滋味。

作為普通人的我們，很難擁有足夠的自控力去駕馭金錢、駕馭欲望，所以中彩票大獎對於我們而言極可能會演變成一樁樁禍事，卻不一定能帶來幸福。

記住，金錢或許能帶給你一時的快樂，但這份快樂和滿足感很可能是浮於表面的，它很難延續下去。幸福也許離不開物質，但物質一定無法主宰你的幸福。

金錢能夠體現你的人生價值嗎

在一份關於「金錢與人生價值的關係」的調查問卷中，研究者設置了三個核心問題：

- 若一個人只是很有錢，你認為他是成功的嗎？是哪種程度的成功呢？
- 你認為在實現人生價值的道路上，錢的重要程度是怎樣的？
- 年薪達到一百萬元和每年抽時間去陪伴養老院的老人，哪種方式最能證明自己的存在？

捫心自問，如果是你，你會做出怎樣的選擇？越來越多的人將人生價值的實現與金錢聯繫在一起。他們認為財富代表成功，有錢的人生才有價值。這無疑是內心過剩的欲望在作祟。只是，這份欲望與貪婪根本無法為你的人生增值。

目前社會對成功的看法很淺薄，看到別人的名字出現在富豪榜上就覺得厲害，可是，財富從某種意義上說是衡量成功的標準之一，但它不是一個絕對的標準。假如我們都以財富作為成功的標準，未來就可能會迷失在錢眼裡，丟了自己的靈魂和精神。

我們每天都面臨選擇，而我們選擇的依據與內心的價值取向息息相關。但當前社會中很多人的價值觀都太過單薄片面，無論做任何事情，直接目的都赤裸裸地指向金錢。讀書就是為了高人一等，創業就是為了掙更多的錢。好像只有這樣，才能實現人生價值。

很多心理學家卻告誡道，千萬不要將人生價值建立在狹隘的自我滿足上。這裡的自我，指的是三種感覺：重要感、優越感、主宰欲。絕大部分人都認為金錢是滿足這三種感覺的最有效管道之一。正因如此，人們才會為了財富心甘情願地付出很多代價。

可是，如果只靠這三種感覺去實現你人生的價值，去維繫你活著的意義，遲早有一天你會被殘酷的生活擊潰。因為無論是重要感和優越感或是主宰欲，都是很虛的概念，很容易失去，畢竟「人外有人天外有天」。執著於這三種感覺，你會活得很辛苦。

陷入欲望泥沼的人，總是倍感壓力，活得焦慮不安。這樣的生活狀態，反而會阻礙你去實現真正的人生價值。智慧的人卻會端正「三觀」，積極跳出「自我」。財富，可能是他們努力過程中不期而遇的收穫，卻永遠不會成為他們努力的目標。

盧梭說：「**人生的價值是由自己決定的**。」電影《無問西東》中沈光耀的故事告訴我們，人生中除了金錢、地位、優質的生活條件，還有很多更重要更有意義的事情。

沈光耀原本是一位富家公子，英俊逼人，家世豐厚。母親希望他能繼承家族財產，繼續過輕鬆舒適的生活。但在沈光耀看來，這種日子味同嚼蠟。他心裡十分清楚，他人生的意義不在於享受，而是維護祖國的尊嚴，保護受苦的百姓。唯有為國殺敵，才能讓他的價值得到淋漓盡致的發揮。於是，他毅然加入了空軍，最後壯烈犧牲。

誠然，在當前的社會中，金錢一定程度上能夠幫助你實現人生價值。正如蔡康永所言：「拿到錢之後，我們才有資格體會錢對於人生的意義。」可是，金錢並不能代表人的所有能力，千萬不要將財富作為你人生是否有價值的唯一判斷標準。更不要將人生價值寄託在單純的自我滿足和金錢享受上，努力為自己的生活賦予更高的意義和更豐富的內涵。

過剩的金錢欲望會變成惡魔，吸乾你所有的「精氣神」，讓你變成一具腦袋空空、盲目追逐金錢的行屍走肉。想要實現自我人生價值，先樹立正確的人生觀和價值觀。

別在「享樂跑步機」上疲於奔命

韓劇《女人的香氣》描述了這樣一個令人心碎的故事，李妍采是個大齡未婚女青年，多年來她拚盡全力地去工作，每日早出晚歸，只為了能掙更多的錢。上司對她百般刁難，她言聽計從，不敢有絲毫反抗。同事對她暗中打壓，她默默忍受，委曲求全。只要看到存款上的數字與日俱增，李妍采就感到由衷的幸福與快樂，似乎吃再多苦也值得。

或許是因為從小家境貧寒，她對金錢有著異乎尋常的欲望。她平生最大的夢想是存錢買房給母親，然後再找個好男人結婚。為了過上夢寐以求的生活，她付出了太多。然而，一個壞消息徹底擊潰了她。原來，她已經患上了末期癌症，生命只剩下六個月……

美國社會心理學家菲力浦•布里克曼說，在「享樂跑步機」上疲於奔命的人，最終卻會絕望地發現，原來他們一直在原地踏步。他這樣解釋道：「就在我們全神貫注於某種特定成就的滿足感之際，這份滿足已經逐漸淡去，最終將被另一種冷漠與另一個層次的努力所取代。」醫學博士伯恩斯在其著作中一針見血地指出：「人是欲壑難填的動物。」

不可否認的是，我們瘋狂地追逐金錢，是因為它能帶給我們快樂與滿足感。可是我們會很快從心理上適應這種愉悅感，它並不能持久。大多數人薪水增長速度永遠也趕不上這種愉悅感保持或遞增的速率。可內心焦灼的欲望卻鞭策著我們永不停歇地奔跑在「享樂機」上，自以為在前進，實際上始終原地不動。自以為獲得了很多，實際上一直在失去。

湯姆・克魯斯主演的電影《傑里・馬圭爾》中有這樣一幕：男主角傑里被上司炒了魷魚，他怒氣沖沖地離開了公司。臨走前，他大聲地問：「誰願意和我一起走？」

原本埋首於工作的人紛紛抬起頭看向他，眼裡流露出渴望的眼神。可沒有人敢將那句「我願意」說出口。空氣凝固了，整個公司頓時鴉雀無聲。一位中年女人躊躇良久，終於勇敢地站了起來。她猶豫著說：「我願意……可是再過三個月我就能得到升職了。」

很多人工作起來加班加點，廢寢忘食。可談及努力的原因，他們卻迷茫不定。有的人一口斷言，他之所以如此拚命，不是為了實現價值和理想，而只是為了掙錢換大房子、買更好的車。有人說，他想要過更優質更舒適的生活，而這只能用金錢來換取。

原來，我們犧牲了身體健康，犧牲了與家人愛人親密相處的時光，只不過是為了讓存款上的數字直線上升。與日俱增的金錢欲望，像毒品一樣麻痹著我們的快樂神經。

可現實是，人生這場旅行並未設置返程票。當你為欲望所累的時候，你再也沒有時間領略窗外的風景。你失去了陪父母老去，陪孩子長大的興趣與耐心。

於是，越來越多的人變成了「毛驢」，被欲望蒙上了雙眼。我們聞著近在眼前的食物香甜氣息，日復一日地拉著生活之磨。雖然越來越疲乏、不快樂，卻沒有人反抗。也許只有像李妍采一樣猛然遭受生活的噩耗，我們才會幡然醒悟，這一切並不值得。

印度電影《人生不再重來》中，男主阿瓊在別人看來彷彿掉入了「錢窟窿」，是個不折不扣的「金錢奴隸」。他瘋狂地工作，無時無刻不在想著他的股票和掙得的報酬。工作佔據了他的生命，他更差點兒讓金錢奪走自己的良知。他的兩個好朋友策劃了一場旅行，千方百計地邀請阿瓊加入。而正是在旅途中，阿瓊漸漸明白了快樂的真諦。

阿瓊遇到了女孩萊拉，並深深地為她所吸引。他告訴萊拉：「我要拚命工作賺錢，到四十歲就享受人生。」萊拉看著他的眼睛，反問道：「你怎麼知道你能活到四十歲？」

這句話徹底顛覆了阿瓊的世界觀。萊拉對自由的嚮往深深感染了他，在萊拉的薰陶下，阿瓊的心態逐漸鬆弛下來。他體會著旅途中新鮮的一切，重新思索起了生命的意義。

當我們擁有了一定的財富時，短暫的快樂後，耳邊便隨即響起一個聲音：「這遠遠不夠，還要得到更多快樂，我必須更努力。」因為我們總是想要住更大的房子，買更豪華的車子和更好的物品，接下來的日子裡，我們恨不得將自己變成一架「掙錢機器」。

欲望是海水，只會讓我們越喝越渴。當我們陷入了一個無限循環的欲望陷阱裡，疲於奔命時，人生就此蒼白失色毫無意義。願你也能像阿瓊一樣，有跳下「享樂跑步機」，真正為自己活一次的勇氣。這時候，你會發現生活中除了金錢，還有無數美好的事情在等待著你。

你的問題是有掙一億元的欲望，卻只有一天的耐心

網路上曾流傳著這樣一個故事，一個男人立志要在四十不惑的時候成為億萬富翁。誰知兜兜轉轉多年間，他始終沒能成功。三十五歲時，男人預感到自己再不轉型就來不及實現夢想了。於是他不顧家人勸阻衝動地辭職去創業，希望能一夜致富。

他拿出前半生的積蓄，投入不同的行業，開旅行社、咖啡店、花店，可惜每一次都血本無歸。他的妻子絕望之際，尋求到一位高僧的幫助。在她苦口婆心的勸說下，男人終於同意隨妻子見一見高僧。夫婦兩人來到僧廟的庭院中，只見高僧撿起一把掃帚，遞給男人：「你先將庭院落葉通通打掃乾淨，我再來告訴你掙得一億元財富的辦法。」

男人興奮不已，痛快地接過掃帚打掃起來。庭院廣闊，地上落葉鋪了厚厚一層。男人從這頭掃到那頭，好不容易將落葉掃成一堆堆。他回頭一看，卻發現

之前掃乾淨的地面上又鋪滿了落葉。他氣急敗壞地加快速度掃起來，誰知無論他怎樣努力，都無法趕上樹葉掉落的速度。最後，他將掃帚一扔，跑去質問高僧：「你是在故意逗我玩嗎？」

高僧沉默片刻，說：「這地上的落葉好比欲望，它隨風而落，層層蓋住了你的耐心。可惜，沒有耐心，何來財富？等到冬天樹葉落光這庭院才掃得乾淨，你卻希望在一天之內掃完……」

有人說：「耐心是財富的聲音。」可惜，大多數人的耐心都被內心洶湧糾纏的欲望牢牢捆綁。隨著野心越來越大，耐心卻日益消減。急於求成，急切地想要翻身改變命運，渴望財富夢想早日實現。當這些欲望操之過急而又無法實現的時候，我們百爪撓心，備受折磨。

而面對未知未來滿懷耐心的人，通常更容易獲得財富青睞。因為他們總能及時地按捺住內心的欲望，同時具備延遲滿足的能力。著名的「史丹佛棉花糖實驗」便證明了這一點。這個實驗由史丹佛一位心理學家發起，實驗對象為一批孩童。心理學家給了孩子兩項選擇：馬上得到一樣獎勵，比如一個棉花糖；或等待一段時間，得到兩個棉花糖。

根據實驗結果，我們發現，那些為了獲得更多獎勵而堅持忍耐更長時間的孩子，往往能在今後的人生路程中獲得更好的發展，也更容易積累下財富。

耐心和欲望，從來都是事物的兩極。具有生存智慧的人會不斷培養自己的耐心，同時通過各種管道去馴服內心的欲望。當他們將欲望裝進理智的籠子裡，自身的忍耐力也達到頂峰時，面臨生活、工作中的任何難題都會遊刃有餘。財富也在這時不期而遇。

一次演講中，札克伯格提到一件事，廿二歲時，他所創辦的臉書（Facebook）遭遇危機，一度來到破產的邊緣。很多人找到他，希望能買下臉書。那些人的出價一個比一個高，甚至有人開出了天價，卻都遭到了札克伯格的拒絕。多年後，札克伯格坦言，那時候他並非不動心。畢竟只要他點點頭，頃刻間就能從一個囊中羞澀的年輕人變成一個有錢人。

但他硬生生地忍住了這些欲望。他不斷地提醒自己，要穩住「軍心」，發熱的頭腦這才慢慢冷卻下來。憑著驚人的意志力，他熬過了那段危險期。隨後，他又和創業夥伴們耐心經營，穩紮穩打，終於一步步將臉書做大做強，並成為全球身價最高的人之一。

華爾街傳奇人物傑西・利物莫有句經典名言：「我賺到大錢的訣竅不在於我怎麼思考，而在於我能安坐不動，坐著不動，明白嗎？」如果你有著強烈的發財欲望和野心，與其壓抑欲望，不妨試著和欲望和諧相處。最好的辦法是，磨煉自身的耐心。

華爾街有個說法：「你如果能在股市堅持十年，你應該能不斷地賺到錢；你如果堅持二十年，你的經驗將極有借鑒的價值；如果堅持三十年，那麼你定然是極富有的人。」

在柏拉圖的哲學觀中，耐心是一切聰明才智的前提與基礎。讓欲望變現的關鍵正是耐力。對於成功來說，耐心能起到的作用甚至大於頭腦。所謂欲速則不達，不放平心態，很難走出欲望的牢籠。一旦內心雜念過多，就更難突破現實處境，實現你夢寐以求的逆襲。

有多大的欲望賺錢，就要用多久的耐心等待。記住，忍耐是智慧的前提，智慧是財富的前提。而一個沒有耐心的人，做什麼都會失敗，想要獲得成就難上加難。

一夜暴富是幻想，腳踏實地才是真理

電影《西虹市首富》中，最吸引人的莫過於神秘富豪設置的「十億大挑戰」。片中很多人面對從天而降的財富，瞬間「三觀」顛倒醜態畢露，令人爆笑之餘又引起深思。有網友評論道：金錢或者說欲望本身是不分好壞的，但通過它們卻能盡覽人間百態。

一夜暴富的故事大多發生在影視劇中，在錯綜複雜的現實生活中，唯有腳踏實地才是真理。正如李大釗先生所言：「凡事都要腳踏實地去做，不馳於空想，不騖於虛聲，而唯以求真的態度做踏實的功夫。以此態度求學，則真理可明，以此態度做事，則功業可就。」

著名財經作家吳曉波曾採訪過網易創始人丁磊。吳曉波這樣問道：「你作為曾經的中國首富有什麼感覺？」丁磊侃侃而談，神態中盡顯從容與淡定。

他說，從當初創辦網易到二〇〇〇年網易在納斯達克上市，他用了三年。從白手起家到一舉躍升為首富，他用了六年。可近十年來，當BAT（**百度、阿里巴巴、騰訊**）忙著搶佔風口時，網易卻選擇深耕核心業務。在這一過程中，不斷有人說網易沒落了，馬上要被淘汰了。這些聲音一度讓他困擾。

丁磊坦言，雖然他也很渴望能帶領網易繼續攀登高峰，延續當年的輝煌，但他此時唯一能做的，就是在熟悉的領域內做好自己的事，始終腳踏實地，勤懇務實。

像丁磊一樣在欲望面前做到淡然以對的人少之又少。很多成功人士因為時代機遇等諸多原因乍然暴富後，欲望也到達頂點。一旦境遇不如從前，內心只會逐漸失衡。對財富、地位的欲望會越發根深蒂固地紮根於他們靈魂深處，導致他們為了掙錢無所不用其極。

能選擇用「腳踏實地」這四個字去對抗欲望的人，都有著無上的智慧。內心欲念越強，越要守住本性，切切實實地展開行動，腳踏實地去奮鬥。

「奇葩說」有一期辯題，名為「他真的很努力，是不是一句好話？」有人說，從這個辯題就可看出當今的社會價值觀究竟有多畸形。「努力」幾乎快變成一個貶義詞。提起「腳踏實地」等概念，年輕人也總是不屑一顧，覺得這些都是雞湯，對人生毫無幫助。

對腳踏實地等優良品質的不屑與無視只會讓普通人的人生變得越來越艱難。哪怕我們幸運地拿到了一夜暴富的「劇本」，也駕馭不住那突如其來的財富。欲望會一點點突破我們的心理防線，將我們改造得面目全非，直至徹底淪為金錢的奴隸。

拿電影《西虹市首富》中的柳建南來說，他原本是一位青年學者，西虹市的十大傑出青年之一，演說家、教育家。他文質彬彬，文化功底深厚，深得女主角夏竹的喜愛。

可是，當王多魚在柳建南面前甩出一疊疊鈔票時，他的信仰卻頃刻間倒塌。他不再踏踏實實地去講課、去奮鬥，卻放下本職工作自願申請成為王多魚的園丁。後期的柳建南無所不用其極地拍著王多魚的馬屁，那副諂媚的嘴臉令人生厭。欲望徹底激發出了他性格中的所有卑劣因素。所以，當王多魚的競爭對手使出美女攻勢以及金錢攻勢時，他迅速倒戈……

達利歐在《原則》一書中闡明了這樣的道理：樂於腳踏實地去奮鬥的人並非沒有欲望，只是他們從不空想，更不靠所謂的「捷徑」去實現欲望，而是紮根於現實。那些致力於推動社會進步的實幹家十分瞭解現實運行規則，亦知道如何中肯誠實地去應對現實。

作為世界範圍內最成功的人物之一，達利歐的生活原則可以用九個字來概括：仰望星空和腳踏實地。我們亦可模仿他的生活姿態，將自身對財富的欲望轉換為夢想，日復一日地去精進技能，努力提升自身價值。如果你能做到腳踏實地，欲望反而變成了一件好事。

一位作家曾在文章中這樣寫道：除了那些天生「躺贏」的「富二代」，絕大多數人想要實現財富夢想，最好盡自己最大的努力做到三件事。首先放下對薪資高低的執著，盡力去最大最好的平台。或者去行業前景很好的平台，而不在意一時的得失。

第二件事就是不斷地試錯，不計回報地多做事少抱怨。儘早找到事業入口，才能盡早地實現財富自由。前提是，我們永遠不能放棄嘗試，並不斷做好總結與反思。

第三件事是儘量靠近那些務實、具有「富人思維」的人。如果你總是與那些滿嘴「暴富神話」的人待在一起，還對他們言聽計從、崇拜不已，永遠也賺不了大錢。與踏踏實實做事的人一起共事，瞭解他們的思維方式，學習他們刻苦鑽研的精神。

當你想要變得腳踏實地的時候，不妨按照以上這三條標準來衡量自己。林語堂先生曾經在《有不為齋隨筆》中寫道：「金錢能使卑下的人身敗名裂，而使高尚的人膽壯心雄。」追求財富無可厚非，前提是不要太過於貪心，更不要不擇手段地去爭奪、攫取。

無數事實證明：在這個物欲橫流的社會中，越是腳踏實地的人，越能夠脫穎而出；越是幻想一夜暴富的人，越容易被欲望所傷，最後落得個傷痕累累、一無所有的結局。

在金錢誘惑中守住底線的人，運氣都不會差

作家史鐵生曾說過這樣一段話：「生病的時候，懷念那些不生病的日子。病重的時候，又懷念病輕的時光。人總是這樣，很多時候，我們不知在想什麼。漂亮了還想更漂亮，錢多了還想更多些。我們都沒有自己的底線，得到時，還想得到更多；失去時，卻從未想過，還有比失去更糟糕的事情。心中的溝壑不斷地被各種欲望填滿，壓得喘不過氣來，甚至停不下腳，看一下周圍美麗的風景。」

《史記》有云：「欲而不知止，失其所以欲；有而不知足，失其所以有。」不給欲望設置底線，輕易地向誘惑低頭，最終只會釀成無法挽回的悲劇，讓你失無可失。而那些能在利益面前守住良知，在金錢面前把握底線的人，命運都會給予他特別的饋贈。

馬雲曾向中小企業代表介紹創業經驗，他誠懇告誡道：**欲望要有底線，一定要禁得住誘惑**。當初阿里巴巴上市時，馬雲及其團隊對認購的預期是四百億

美元。

讓所有人喜出望外的是，第一站香港地區路演後，阿里就已經成功募集到三百六十億美元。去新加坡時，這個數字飆升至六百億。最後到達紐約時，阿里已募集到一千八百億美元。

馬雲這樣說道：「我們最初預定的發行價是十二港元，人家看到這麼好的路演情況，說發行廿四港元都可以。每股多一港元，合起來就多十億港元啊。我們若將發行價提高到廿四港元，就會比預期多出一百二十億港元。這是多好的發財機會。」

然而，馬雲當晚卻緊急召集團隊開會，他皺著眉頭告訴大家，貪婪一定會付出慘痛的代價。經過激烈的討論，大家最終決定將發行價定在十三點五港元。

影視劇中常常會出現這樣的橋段：某人想在做完這最後一件事後就金盆洗手，從此隱退江湖。問題是，這往往預示著一條不歸路。現實生活中，不斷有人踏上這條「欲望旅程」，就此萬劫不復。「我就破例這一次」、「這是最後一次，從此洗心革面」……

正因為少了明確的制約與底線，欲望才會如泄閘的洪水噴湧而出。什麼是底線？底線意味著不可妥協的領域。面對一個光怪陸離、充滿誘惑的市場，我們都該牢記「有所為有所不為」的道理，不給自己任何藉口，無論何時何地都堅守原則和底線。

面對不斷升級的欲望，不同的人有不同的對待方式。有的人會適當地控制欲望；有的人卻毫無節制地放任欲望。對此，一位心理學家告誡道，人的欲望就像開快車，若事先沒有限定車速，一味追求飛馳的快感，也無及時剎車的意識，那麼結果只會是害人害己。

既然無法擺脫欲望，那就及時給自己的欲望設定底線和標準。在這個標準上，我們能圓滿實現理想、活得自由暢快，而不必損傷他人的利益、踐踏法律的尊嚴，乃至危害到社會的安全；在這個標準上，我們的身心始終處於一種樂觀積極而又平穩的狀態之中，而不會被自私、貪婪的人性所拖累，更不會因一時的滿足而沉溺於長久的痛苦中。

美國船王哈利在兒子廿三歲生日那天帶他進賭場歷練。船王為小哈利設定了一個原則：要見好就收，切莫賭紅了眼。賭桌上，小哈利第一次贏了很多錢。正在興頭上的他將父親的教導拋到腦後，怎麼也不肯離開賭場，他安慰自己，再贏最後一把，誰料賭上全部後，他差點兒輸個精光。這時候，他更不願意離開了，一心只想翻盤，結果他輸了更多。

經過多次的磨煉後，小哈利漸漸明白了父親的良苦用心。後來，他與父親分享自己的經驗，說自從經歷那次慘痛的失敗後，他便給自己定下規矩，每次進賭場前都要預先留出百分之五十的賭資，無論輸贏都不會動用這部分資金，且會及時離開，船王聽了感慨道：「**聰明的人懂得給自己的欲望設置底線**，他們會在觸及底線前懸崖勒馬。」

想要保持欲望的底線，就要學會「修心」。順境時，把控得住方向，避免得意揚揚妄自尊大；逆境時，放平心態，始終以公平客觀的眼光看待眼前得失。哲人說，人生中最艱苦的戰爭是與自身欲望的戰鬥。耐心地與「心魔」鬥智鬥勇，遲早能成為真正的贏家。

想要保持欲望的底線，不妨給自己設置一個宏大而長遠的目標。心無目標的人才會這也想要那也想要，而志向遠大的人卻很少為眼前的誘惑而折腰。他們將所有的心思和精力一股腦地傾注在宏偉的事業和個人的發展上，總能意志堅定去抵禦不良欲望的侵擾。

對於整個社會來說，若人人都能堅守底線，社會環境才會越發和諧、清新。對於個人來說，若能準確把握住欲望的底線，才能在人生的旅途中步步走穩，最終完全站穩腳跟。

有人說：「底線，是命運沉浮的分界線。」請永遠不要向金錢欲望低頭。只因最值得我們追求的是「事能知足心常愜，人到無求品自高」的至高境界，而不是如火如水的貪欲。

第七章　處處爭強好勝的欲望，讓你變得虛榮扭曲

「追求比別人幸福」會讓你變得更不幸

四處借債舉辦豪華婚禮，刷爆信用卡買房買車買奢侈品，只為了讓自己成為朋友圈中最有面子的那個人；硬生生擠向國企或者公務員大軍，哪怕擠得「頭破血流」也不在乎，重要的是說出單位名稱就能收穫所有人羨慕的目光；衝動地辭職創業，是因為給別人打工聽起來就很憋屈……處處都爭強好勝的你，最後卻過得越來越不幸福。

白岩松說：「當你追求的不是幸福，而是比別人更幸福時，快樂就要遠離我們了。」人的攀比心是一件正常的事，由攀比心引發的欲望一定程度上能激勵你奮勇前行。但那種越來越嚴重的陰暗攀比心理卻會讓你慢慢遺忘初心。這正印證了一句話：「**過度的欲望能吃人。**」

一則短片揭露了人性的黑暗面：一片汪洋大海中，飄著一個正方形的物體。它由一塊塊石頭組成，一群小螞蟻生活在物體表面。那時候，所有螞蟻都處於相同的高度，大家都很開心。然而，當有人非要享受高人一等的感覺時，欲望便有了滋生的土壤。

一隻小螞蟻看到身邊的同伴比自己站得更高，頓時覺得很不甘心。於是，牠廢寢忘食地挖起了石塊，堆得越來越高，想要超過身邊的同伴。當大家都這樣做的時候，地下的地基漸漸被掏空。最後那隻小螞蟻終於站到了最高處，可地基卻搖搖欲墜起來……

有人說，欲望和攀比是這個越來越繁榮、發達的商業社會的「副作用」。太多人窮其一生，就是為了日後能住豪宅開名車穿名牌。在他們看來，這就是幸福。事實卻是，盲目追求這種表面上的幸福，只會讓我們變得越來越不幸。

虛榮與欲望是「閨密」，常常結伴而行。虛榮像「酸雨」，腐蝕掉了人們的天真，為欲望打造出最好的溫床。虛榮心越強、欲望越大的人，越是無法安心地去生活、工作。然而，折騰到最後，你卻發現夢想中的幸福離自己越來越遠，目之所見都是一片灰暗、頹喪。

虛榮又充當著嫉妒的「先鋒」。當虛榮之火在人心裡越燒越旺時，嫉妒便得到了「登場」的機會。它一點點蠶食人的理智，促使人做出越來越多的錯誤決定，人生因此而失控。

物質上與人爭強好勝，只會讓你變得越來越窮。在滿足自身一定的物質需求的情況下，及時澆滅內心過多的欲望，如此才不會陷入越花越窮的惡性循環中去。

事業上與人爭強好勝，只會讓你發展得越來越差。其實，每個人都有著屬於自己的事業軌跡，很多人卻看不透這一點。他們只顧盯著別人光鮮的履歷和傲人的工資，卻看不到對方的付出。正因他們眼高手低，不斷辭職換工作，工資才越來越低。

感情上與人爭強好勝，會讓你永失幸福的滋味。每個人都擁有自己的感情經歷和自我感知幸福的方式。有些人，卻一味盯著別人的幸福眼饞不已。他們嘖嘖稱讚著別人伴侶的優秀，卻對身邊那個一路走來一直十分珍惜自己的人視而不見，最終永失幸福。

可見，追求比別人幸福，會慢慢毀掉一個人。從讓你生出攀比心開始，若不加以控制，你最終會在欲望的驅使下一步步喪失理智，活成別人的附屬品。

孔子說：「君子矜而不爭。」想要獲得幸福，先放下過多的欲望，放下無謂的爭取。楊絳曾翻譯蘭德的詩：「我和誰都不爭，和誰爭我都不屑；我愛大自然，其次就是藝術；我雙手烤著生命之火取暖；火萎了，我也準備走了。」有人說，這正是她一生的寫照。

楊絳讓人印象最深刻的，莫過於她淡泊名利，與世無爭的性格。人們提起她，總冠以「錢鍾書妻子」的名頭，好像她沒有自己的名字一般。但她總是笑笑，坦然接受。

與她同一時代的文人學者，多少人爭著搶著想要出人頭地，可她卻毫無爭名逐利之心。她讀書寫作，翻譯治學，都是為了陶冶個人情操，滿足個人的志願。

楊絳回望一生時，這樣總結道：「我這一生並不空虛：我活得很充實，也很有意思，因為有我們仨。『我們仨』其實是最平凡不過的。誰家沒有夫妻子女呢？至少夫妻二人，添上子女，就成了我們三個四個五個不等。只不過各家各樣兒罷了。我們這個家，很樸素。我們與世無求，與人無爭，只求相聚在一起，相守在一起，各自做力所能及的事。」

處處爭強好勝的欲望，會一點點吞噬掉我們的幸福感。真正有智慧的人卻能將最樸素平凡的日子過成一首充滿芳香的詩，將相守變成最有趣的事。

在網上秀努力，只會讓你離優秀越來越遠

深夜十二點，在ＩＧ發文：「熬夜加班中，年輕就是用來奮鬥的。」

週末下午，拍下凌亂的書桌和電腦螢幕發ＩＧ：「美好的週末，繼續奮戰！」

連續七天在健身房裡打卡，每次都配上一張美美的自拍：「努力的人最美最可愛。」

如今，在ＩＧ秀努力的人越來越多了。充滿「羨慕嫉妒恨」的點讚與評論極大地滿足了他們的虛榮心。從心理學的角度來說，「曬」的背後代表著一種欲望和渴求。換一種說法其實就是「條件自尊」，意味著那些喜歡曬努力的人，其實是將自尊心建立在了他人的評價和外部環境的回饋上。可有句話說得好：「越是缺什麼，越是秀什麼。」

處處想要高人一等的欲望令他們固執地活在自己一手塑造的網路世界裡，靠「表演」努力來獲取一種虛假的滿足感。然而，因為欲望而親手營造的假像遲早會被現實毫不留情地戳破，你的低端勤奮非但不會讓你更「值錢」，反而會讓你迅速地「貶值」。

蔡康永在某次接受記者採訪的時候這樣說道：「看一下我們的朋友圈，就知道我們為了要營造那個給別人看的櫥窗，壓抑了多少自己。我們絕對不會拍一碗爛透了的陽春麵。如果我們拍了一碗陽春麵，那我們就是在撒嬌，我們希望別人看到會說，你工作這麼辛苦才吃這麼一點點。我們有種種的原因，希望在朋友圈表現出一個我們要索取別人認同的這種習慣。」

他的話引起一片贊同。最後，他總結道：「我們要恭喜那些不發朋友圈的人，我寧願相信他們把大部分的心力拿去對付真實的生活，我會恭喜他們找到了生活的重心。」

那些真正優秀的人，首先會過濾掉過多的欲望和雜念，然後再全身心地投入工作和學習中去。只因努力是一件多麼正常和平常的事情，根本沒必要去「炫」、去「曬」。在他們看來，有時間去發ＩＧ，去在乎那些虛偽的評論，還不如多看兩本書，多背點兒單詞。

只有遠離攀比與虛榮，遠離虛假的努力，你的人生才有可能發生質變。想要變成一個高效能的優秀人士，可以試著在每次開始一天的工作前花幾分鐘時間來整理、定義那一天最重要的！三到五件事情。這能大大提升你的整體效率。最怕的是你一邊盲目工作，一邊忙著拍照發ＩＧ，卻對自己這一天最該做的事情一無所知，這樣何談高效與專注？

不妨用自我測評的方式來取代在ＩＧ裡秀、曬的行為。每隔一段時間就給自己的表現打個分，看看自己有哪些進步，還有哪些不足之處。比如，每天運動一小時的目標，完成了嗎？之前在工作上遇到的難題，解決了嗎？是怎麼解決的？依靠自己的努力還是尋求他人的幫助？只要多多反思自己，不斷總結經驗，很快你便能取得肉眼可見的進步。

試圖與別人攀比努力的程度，不過是因為內心毫無底氣。那些真正努力的人，沒時間去糊弄別人、感動自己。只因努力本是人生的常態，與其在ＩＧ裡表演熱血激情，不如在現實中真正勤懇努力。從此刻起，儘量去降低內心的攀比欲望，好好地為自己努力一回！

為什麼有些人喜歡用豪車和奢侈品來炫耀

為什麼很多人喜歡用豪車和奢侈品來表現自己？相關心理學家分析說，豪車、奢侈品之所以會對人們形成持久的吸引力，可能是源於人們對階級制度的默認。

二〇一一年，荷蘭研究者曾出具一份報告，報告內容顯示：人們傾向於更順從那些身上帶有名牌logo的人，當這些人代表慈善機構來請求他人資助時，後者更願意相信他們，在經濟活動中也更願意支持他們。只因大家默認帶有名牌logo的人可能擁有更高的階級地位。

在二〇一四年的一篇研究中，作者提出這樣的觀點：虛榮心強、無比在意社會階層的人，更易受名牌的吸引。這樣的人可能擁有不太理想的經濟地位，或者曾經體驗過一段屈居人下的日子，如今實現了逆襲，抑或他們所處的社會大環境中階級分層體現得更為明顯。在這種畸形的社會風氣的影響下，人們拚命地比來比去，只為了爭取更多的存在感和價值感。

在某些人的心裡，一股極想出人頭地的欲望像火焰一樣在燃燒。正因如此，他們才會對別人的一舉一動都十分關心，恨不得拿著放大鏡將別人的生活裡裡外外都看個究竟。

同時，他們又無比在乎他人的眼光與評價，極其渴望得到認可。而豪車、名牌手錶、奢侈品便成了他們彰顯身分與地位的工具，是他們滿足虛榮心的「法寶」。

越是虛榮自卑、脆弱敏感的人越喜歡與別人攀比，也更習慣用炫富的方式來彰顯自己的價值。只因自信不足，才要拿豪車、奢侈品來給自己壯膽。甚至有些人會「打腫臉充胖子」將自己包裝成土豪，在ＩＧ裡肆無忌憚地扮演著另一個光鮮亮麗的自己。

而那些真正的強者卻過著低欲望的、擁有細膩質感的生活。他們從不做無謂的攀比，向來低調而又努力。亦舒說：「**內心真正富足的人，從不炫耀擁有的一切**，他不告訴別人讀過什麼書，開過什麼車，去過什麼地方，有多少件衣裳，買過什麼珠寶，因為他沒有自卑感。」

二〇一九年，發表在Reddit（紅迪網）上的一篇文章引來很多美國民眾的關注。作者稱，美國如今的精英階層們很反感用奢侈品來炫富，而「炫耀性消費」在美國社會也早已經終結。

真正的精英階層們很少與人攀比誰的房子大，誰的資產多。他們更傾向於將錢花在子女的教育方面或者個人成長、精神享受等方面，這是他們最大成就感與滿足感的來源。

很多有錢人反而不會去炫富。他們恨不得將每一分錢都花在刀刃上，日子過得要比普通人簡樸、實在得多。他們早已擺脫了炫耀的欲望，不為徒有其表的東西付出時間和精力。

也並不是所有普通階層的人都會被自身的虛榮心所蒙蔽。很多人雖然生存品質不盡如人意，卻有著極其豐富的內心世界。他們勇於做真實的自己，也樂於在他人面前展示自己真實的生活。他們懂得知足常樂的道理，始終對自己擁有的一切心懷感恩。

心理學家強調說，個人用豪車和奢侈品來炫耀自己的行為本身不可怕，可怕的是它可能會引發他人越來越多的邪念與欲望。在一座座「欲望都市」裡，一個欲望好不容易被滿足，更多的欲望又會像野草似的爭先恐後地瘋長。被欲望控制的人生，要多可悲有多可悲。

曾經看過一段話：「這個世界上，除了別有用心的人，沒有人會因為你穿了一件昂貴的衣服而更尊重你；這個世界上，值得相交的人，從來不會盯著你的財富與你交往；這個世界上，再厲害的人都會遇到更厲害的人，低調內斂的才是真正厲害之人。」擁有堅韌靈魂的人從未想過去炫耀什麼。他們的內心越是豐盈，生活便越是簡樸，言行便越是低調。

不爭一時之長短，大收穫都需要時間來等待

莊子曾講過一個故事，有一類釣魚人總是扛著釣竿，拎著水桶四處奔走。他們一會兒去河邊，一會兒去江邊，看起來每天都有所得，實際上每次收穫的都只是些小魚小蝦。

有一位任國的公子卻十年如一日地坐在靠山腳的海邊釣魚。他使用的釣鉤像鐵錨一樣碩大，釣繩像水桶一樣粗。這十年來雖然他沒有一日放棄過釣魚，卻始終一無所得。旁人紛紛議論說，這個人很怪。然而，十年後的某一天，公子突然釣到了一條大魚。他費了九牛二虎之力才將魚拖上岸，並號召全國人都來享受這

條滋味鮮美的大魚，結果過了很久都吃不完。

故事中釣小魚小蝦的人和釣大魚的公子最大的區別在於，前者受欲望而推動，急功近利，不甘落於人後；而後者卻胸懷理想，寧可用時間去耕耘，從不與人爭一時之長短。

相關心理學家分析說，「被動」是欲望最大的特點，而這種被動感很難被人意識到；而理想則是自主的，實現理想的過程就是實現自我思想、情感和意志的過程。

如果生活的動力是欲望，那麼人努力的目標很容易偏離正確的方向。最典型的莫過於那些熱衷於攀比的人，正因他們處處爭強好勝，追求的過程才越發缺乏耐心。一旦目標沒在短時間內達成，他們便自覺羞愧，焦慮不已，認定自己先前的努力都毫無價值。

只因欲望通常是防禦性的，欲望強烈的人看起來動力十足，實則「色厲內荏」、毫無韌性。生活中，總能見到這樣一群年輕人：他們有著強烈的證明自己的欲望，若看到別人在一個領域取得成功，便不顧現實條件、不計後果地投入其中，正是虛榮心讓他們變得盲目。

一旦遭遇困難，他們的動力便會立馬減弱。有的人若在此時看到了新的成功契機，又會拋下現有一切，衝動地轉向新的方向。對於這樣的人來說，做什麼不重要，成功才最重要。

而受理想驅動的人都有著一個典型的特徵：不爭不吵不計較，卻也不拋棄不放棄。他們討厭拿自己和別人做比較，只因他們追逐理想的過程就是自我實現的過程，所以在理想達成之前他們從不焦慮。所以，身懷理想者總能輕易甩掉那些沉重的心理負擔。

他們真正追求與享受的就是投入。在他們看來，最有價值的人生就是找到自己所熱愛的事業，並傾盡全力地投入其中。而社會所認可的成功對於這些理想者來說只是投入的附加值，而不是生命意義本身。正因如此，挫敗對於他們的影響沒有那麼大，即使不斷地遭遇失敗，乃至飽受他人的嘲諷與打擊，他們也不會輕易否定自己的付出與努力。

顯而易見的是，處處爭強好勝、欲壑難填的人或許能一時交上好運，但慢慢就會走上下坡路。而身懷理想者卻會耐心深紮、耕耘，時間會給予他們最甜蜜最有價值的收穫。

羅曼・羅蘭說：「人生的樂趣不僅在達到目標的那一刻，而更在於持續不斷的努力追求中。」斤斤計較於一時成敗的人，都不會有什麼大出息。

爭一時之長短，計一時之榮辱，就容易在看到別人小收穫不斷的時候焦躁難耐、煎熬無比。可若你被眼前的利益所迷惑，一點點陷入欲望陷阱，前途反而會變得晦暗不明。

要知道越是偉大的事業，越是需要我們付出更多努力與犧牲。你要明白，人的一生十分短暫，我們所擁有的時間和精力都是有限的，為了讓有限的時光、精力發揮無限的價值，首先你要定好自己的目標，傾盡全力地前行；其次，我們必須冷靜蟄伏，默默等待。

這個過程中，不要被一時的成敗動搖自己的激情。正如綜藝節目「奇葩說」中，某個選手所言：「人都是起起落落的，失意時給別人捧捧場，得意時聽聽別人的掌聲，人生漫漫，又何必在意一時沉浮。」決勝的關鍵不在於一時的成敗，你要有等待的決心。

你無須和別人比較，只需和過去的自己比較

有人說，人性的三大根本欲望分別是：貪婪，攀比，好色。在這樣的社會中，攀比彷彿成了日常生活的一部分。我們不斷地拿自己同別人相比，爭薪金的多少，爭職位的高低，爭家庭的幸福，爭子女的前途……爭來爭去，只爭得了一身的疲倦和痛苦。

所謂人比人氣死人。如果你每走一步，眼睛都要不停打量、盯視著別人，如何才能走得穩自己的路？要知道每個人都擁有屬於自己的人生軌跡，與其和別人攀比，不如多和自己較勁。正如林語堂所言：「**有勇氣做真正的自己，單獨屹立，不要想做別人。**」

相關心理學家談起攀比的欲望時，解釋說良性的對比能讓人看清自己的短處和別人的長處，學會揚長避短，或努力加強短板。這無疑能對人的發展產生積極

作用。可是一旦虛榮心日漸隆盛，良性的對比就會變成盲目的攀比，事情的發展則會轉向相反的方向。

盲目的攀比心最終會變成一條裹滿毒液的鞭子，不斷鞭打著人們的後背，逼迫他們去尋找一個又一個攀比目標。長此以往，你難免會形成這樣一種習慣：用別人的成功來懲罰自己。這就埋下了一顆妒忌的種子。你虛榮心越強，就越是喜歡和身邊那些優秀的人對比，而且總喜歡拿自己的短處和別人的長處相比較。結果越比越不開心，越比人生越灰暗。

痛苦從攀比和欲望開始。所以當前社會中，「紅眼病」、「酸葡萄心理」以及難以跨越的階層問題才比比皆是，層出不窮。若擺不正心態，他人光鮮的生活只會讓你備受打擊、自暴自棄，甚至可能釋放出你內心那頭陰暗的「怪獸」，最後鬧得個害人害己的結局。

那些世界頂尖大學的優秀畢業生們更重視的是「如何勝過自己而不是別人」，這是他們始終保持自信的原因。其實，**人這一生中最大的競爭對手，是自己；最好及最合適的比較對象，是昨天的自己。**你該做的，是盡可能地剿滅欲望，同時將目光轉移到自己身上。

非洲的長跑冠軍哈利默不是專業運動員，也沒有專業的訓練老師和基地。父親就是他的教練，兩人一直過著清貧寒苦的生活。有長達八年的時間，兩個人的生活只圍繞著跑步這一件事。但哈利默從來不嫉妒別的運動員所擁有的優越條件。八年來，他只專注於自己。

最後，他的長跑速度有了驚人的進步，先後拿下了非洲長跑冠軍和世錦賽的冠軍。在獲獎台上，別人問他成功的秘訣。哈利默說：「這些年，我和父親從來沒有談論過別人的生活，更不會羨慕別人的優越生活。只是做到過好自己的生活，一心一意追求自己的夢想。」

我們要學會打造屬於自己的「擂台」，下決心與昨天的自己一較高下，這樣才能取得真正的進步。如果總是放任欲望，胡亂和別人比來比去，人生境遇只會每況愈下。

無須爭強好勝，只要今天的你比昨天的你有了更多的進步，就值得慶祝。泰國的一個廣告看哭了無數人：男孩對踢足球毫無天賦，他盡全力奔跑在球場上，一次次跌倒，一次次失敗，卻始終沒有放棄。眼瞧著和他同齡的孩子都表現出色，母親臉上卻沒有一點兒自卑難過的神色。她不斷地安慰兒子，不要關注別人的成功，多多關注自己。

就在她「每天都比昨天努力一點點」的鼓勵下，男孩積累著經驗，緩慢進步著。最終，一次比賽中，關鍵時刻男孩依靠自己反覆練習的「頭球」幫助球隊得分取得勝利。那一刻，足球場上所有人臉上都露出驚喜的神色，母親也開心地笑了起來。

海明威說：「**優於別人並不高貴，真正的高貴是優於過去的自己。**」成功是一場戰役，你的對手不在你的左右兩側，而在你的身後。沉迷於橫向的比較中，只會令你的勝負欲望逐漸攀至頂點，最後迷失了自己。唯有專注於縱向的比較，才能不斷超越自己。

輸不起的人，往往也贏不了

所謂一帆風順的人生是不存在的，它其實是一場賭局，註定會有輸有贏。那些盼著自己能永遠占上風，卻極度抗拒失敗的人，是任由自己掉入了虛榮欲望的陷阱。如果不及時調整心態，努力從不合理的欲望中脫身而出，最後只怕會鬧得個一敗塗地的結局。

相關研究表明，大多數精英在學生時代的排名通常是在第七名到第十七名之間，而非我們想像中的「獨佔鰲頭」、「一騎絕塵」。處於這一成績段的孩子雖然有進步的欲望，卻不怎麼爭強好勝、貪慕虛榮；雖然常常遭受失敗，卻總能用淡然的目光去看待挫折與打擊。

作家林清玄因此公開喊話道：「如果你的孩子是第一名，那就讓他別那麼努力，輕鬆點進到十七名裡，那才能成功嘛。如果你的孩子是後幾名，那就讓他努力進到前十七名裡面。」他說，這樣的孩子能和第一名做朋友，也能和最後一名做朋友，心態平和又樂觀。

猶太人認為，「輸」是孩子成長過程中不可或缺的一種資源。它能讓孩子保持獨立思考的能力和直面人生風雨的勇氣。所以猶太人從不指責孩子的失敗，而是教導他們在面臨失敗的時候不要將時間花在鬱悶和沮喪上，更不要嫉妒他人的成就。而是要將爭強好勝的欲望，轉化為繼續耕耘的動力，向著目標步履不停。這種教育能讓孩子永遠不懼怕「輸」。

人不光要贏得起，更要輸得起。其實，後者遠遠要比前者重要得多。輸不起的人要麼自暴自棄，從此失去向上攀登的勇氣和動力；要麼酸意十足，想方設法地抹黑他人的成就，甚至不擇手段地去傷害、摧毀那個「搶」了他功勞的人，簡直害人又害己。

而那些贏得起又輸得起的人，卻會在失敗的當下總結經驗教訓，努力讓自己「從哪兒跌倒就從哪兒爬起來」。這樣的人往往能創造偉大的奇蹟，收穫一段精彩的人生之旅。

好萊塢影星史泰龍曾經只是一個窮小子，為了圓自己的演員夢，他從底層做起，一點點儲備實力。這期間，他經歷了數不清的失敗。而這些都未擊倒他，反而令他變得更強大。

為了尋找貴人的幫助，他四處拜訪認識或不認識的明星、導演和製片人，請求他們給他機會。可得來的卻只是一次次的拒絕。身上的錢花光了，他就一邊打零工一邊等待翻身的契機。與他一同闖好萊塢的年輕人中，有一些運氣與實力兼備的人最終大紅大紫，史泰龍看在眼裡，只有羨慕卻從不眼紅。他們的成功反而激起了他無限的鬥志。

後來，他重新規劃起自我人生道路，開始寫起劇本來。然而，失敗還是接踵而至。他花了整整一年的時間打磨出一個完整的劇本《洛基》，得到的卻是無數白眼、嘲諷和冷笑。在他經歷了一八四九次失敗後，終於，他找到了願意投資開拍《洛基》的公司，並擔任了男主角。最終，這部電影獲得了極高的票房，並榮獲當年的奧斯卡最佳影片獎，而史泰龍也憑此電影獲得了當年的最佳導演獎。

年輕人擁有贏的欲望是一件好事，誰也不想努力後收穫失敗。可是，沒有輸哪來的贏？人生和遊戲一樣，當我們被生活的重拳擊倒時，只要不放棄希望，就能滿血復活重新再來。但如果你骨子裡是個輸不起的人，再怎麼折騰也收穫不了夢寐以求的成功。

而且，沒有誰會一直贏。大部分時候，我們都在為那個最終的結果默默忍受著眼前這難熬的一切。挫敗是難以避免的，沒有誰能輕而易舉地得到自己想要的一切。

我們應該做的，是將內心的欲望引導向一條「康莊大道」，為此努力不停。而不是在邪惡欲念的唆使下，鑽進黑暗冰冷的牛角尖裡無法自拔。相比「爭奪第一」的欲望，更重要的是暫居人後的勇氣和從頭再來的決心。願我們都能成為一個不服輸卻也輸得起的人。

不做無謂的爭辯，這會拉低你的層次

我們身邊從來不乏這樣的人：

與你意見不同的時候，越是在人多的場合，他越會與你針鋒相對，一定要爭贏你才甘心。你說這部電影好看，他卻嗤之以鼻，偏偏要跟你分析導演技術有多差勁，劇本編排有多不合理；你說那家餐館很好吃，他卻滿臉嫌棄，一定要將那家餐館貶得一無是處……

如果你也是個爭強好勝的人，一定會忍不住反駁他，和他爭得臉紅脖子粗。這時候，不妨在心裡默念林肯的那段名言：「任何決心有所成就的人，決不肯在私人爭辯中耗費時間。爭辯的結果，包括發脾氣，失去自制，其後果是難以讓人承擔得起的。」

無法放下口舌之利的人，內心往往藏著強烈的虛榮欲望。千萬不要將現實生活當成辯論的舞台，你事事與人論長短、處處與人分高下的行為，是對生命的一次次嚴重的消耗。

卡內基曾在《人性的弱點》一書中，分享過一個小故事：宴會上，一位男士發表了一通長篇大論，還引用了一句話。男士解釋說，這句話來自《聖經》。

卡內基聽了直皺眉，立馬大聲反駁說，這句話其實來自莎士比亞的作品。兩人針尖對麥芒地爭論起來，越說情緒越激動。與卡內基一同前來的朋友加蒙恰好是研究莎士比亞的專家，於是卡內基請他為自己做證，證明自己是對的，那位男士是錯的。

加蒙靜靜聽著，先偷偷在桌下用腳碰碰卡內基，然後含糊地贊同了男子的觀點。卡內基氣鼓鼓地坐在一旁，看在加蒙的面子上沒有繼續爭論下去。

回去的路上，卡內基忍不住問加蒙：「為什麼要如此『偏袒』錯誤的一方？你明明知道他的話有多可笑。」加蒙卻微笑著說：「我們是來參加宴會的，不是來證明別人的錯誤的。要知道對方並沒有徵求你的意見，他也不需要你的意見，那你為什麼要同他爭辯？」

《聖經》上有句話：「儘快同意反對你的人。」對於認知不在一個層次的人，你所要做的是安靜地傾聽他的發言，不要輕舉妄動。懂你的人，你一句話不說都能獲得他們的理解和支持。面對不懂你的人，你若拉著人家爭辯不休只會生出更大的嫌隙，甚至埋下災禍。

遇到喜歡用口舌之利證明自身價值的人，你連解釋一句都是多餘。只因他們最擅長的就是用「神邏輯」來攪亂你的思維，綁架你的情緒，將你變得和他一樣

「low」。

美國作家朱麗亞・加菜夫曾在TED（北美公益演講大會）大會上發表了一場著名的演講：《為什麼我們總認為自己是對的》。其中，她提到了「動機性推理」，並解釋道：我們的欲望和恐懼會影響到我們處理資訊的方式。對於腦海中的一些資訊和想法，我們會將其視為「盟友」。獲勝的欲望促使我們不自覺地維護它們，這時候，其他資訊和想法都變成了敵人，需要被打倒。

獲勝的欲望越是強烈，我們越容易沉溺於口頭上的勝利，在一次次無謂的消耗中丟失掉做人的尊嚴。有句話說得好：「處處爭強好勝的人，反而難以得到他想要的東西。」溝通不是為了輸贏，更不是為了刷存在感。試圖與「杠精」講道理，無疑很愚蠢。更不要為了贏得口沫飛濺之中的那一點點虛榮心，將自己變成「杠精」，這只會拉低你自己的層次。

越是沒本事的人，越愛面子

李嘉誠曾說：「當你放下面子賺錢的時候，說明你已經懂事了。當你用錢賺回面子的時候，說明你已經成功了。當你用面子可以賺錢的時候，說明你已經是人物了。當你還停留在那裡喝酒、吹牛，啥也不懂還裝懂，只愛所謂的面子的時候，說明你這輩子也就這樣了。」

然而，華人最講究面子。俗話說：「人爭一口氣，佛爭一炷香。」對於國人而言，似乎是房子越大越好，車子越貴越好；身上的衣服追求當季流行色，腳下的鞋子一定要是最新款。總之，不管能力到沒到、行不行，就是不能丟面子。年輕人們蠢蠢欲動的虛榮心亦迎來了全面爆發的時代。

面子為什麼擁有如此大的魔力？這是因為華人社會擁有面子相當於擁有社會影響力。我們誇一個人「面子大」，其實是在說他的社會影響力大。而面子的大小，往往能指代一個人的社會價值、事業成就、地位的高低、資源的多少、能力的大小等。

由此可見，「面子」這輕飄飄的兩個字的背後，承載著的是無數沉甸甸的欲望。它將人性中的缺點展露得淋漓盡致，若看不破這欲望，只怕永遠沒有解脫的那一天。

面子不僅影響著我們的消費觀，還對我們的社會交往、處事方式造成了很大的影響。它幾乎能決定一個人的命運。正因如此，某經濟刊物主編亦說：「為了面子堅持錯誤是最沒有面子的事情。」

某論壇上，一位網友撰文剖析自己的心路歷程。他痛悔萬分道：「為了面子，我拒絕了一切成長。」小時候，每次寫完卷子老師會讓學生們自行對照答案進行修改。為了面子上過得去，他偷偷將一些低級錯誤用黑筆劃掉，再填上正確的答案，而不是用紅筆圈出來。就這樣在一次次自我欺騙中，他持續犯著這些低級的錯誤，從未真正改正過來。

長大後，因為面子他放棄了一些工資很低但發展前景較為光明的工作機會。內心深處，他明明知道自己的選擇盲目而膚淺，在人前卻總是嘴硬無比，始終不肯承認這一點。

後來，在不喜歡的公司裡熬到中年，驀然回首才發現，當初他放棄的其實是另一個更為優秀美好的自己。只是，失去了的再也無法追回，這時候他再後悔也無濟於事。

面子是欲望幻化而成的虛假面具，戴得太久，就會與你原本的面容融為一體。慢慢地，連你自己也會忘掉你本身的模樣。犯錯誤不是一件丟人的事，試問，誰沒有過犯錯的時刻?丟人的是，你始終不願意正視錯誤，正視那個也許不太完美卻真實的自己。

孔子的學生子貢不明白為什麼學問及才華都不是十分傑出的孔圉能夠享有「文公」的稱號。孔子解釋說，因為孔圉勤奮好學，更因為他心境寬容豁達，從不愛慕虛榮。他能夠隨時向別人請教，哪怕對方地位或學問不如他也能做到坦然大方、謙虛有禮，絲毫不覺得這樣的行為有損自己的面子。這正是孔圉難得的地方，他完全配得上「文公」的稱號。

莎士比亞說：「什麼地位!什麼面子!多少愚人為了你這虛偽的外表而凜然

生畏。」在欲望的驅使下，貪婪地往自己臉上貼金的人，最後不僅失去了面子，還丟掉了「裡子」。誰都是從最低處一步一步邁向最高處的。當你身處低位時，最重要的是平衡內心的欲望，哪怕遭受別人的嘲諷與冷眼也能穩住心緒，用積極樂觀的態度打理好自己的生活。

那些沒本事的人，才會無所不用其極地追求表面上的光鮮亮麗。這樣的人註定活得很累，未來也很難有大的作為。希望每個人都能削除內心多餘欲望的「枝椏」，果斷放棄面子的累贅，活出真正的自己。同時在能力不足時學會忍耐，默默等待夢想騰飛的那一天。

第八章　執著於佔有的欲望，讓你變得患得患失

控制欲太強的人，究竟有多可怕

心理學上有一個名詞叫作「控制欲」。擁有強烈控制欲的人總是希望能對某件事或某個人絕對佔有，其他人都要聽從他的意見，不許違逆他的心意。而控制某事或某人的欲望一旦沒有得到滿足，當事人就會變得焦慮不堪，因此變著法兒地折磨自己和身邊的人。

生活中，那些「控制狂」通常有著以下表現：

1.認為自己永遠是對的，別人永遠是錯的

這與自戀心理息息相關。自戀的人認為自己的想法和認識百分之百正確，凡是違背自己想法的人都錯得離譜。他們會在一些無關緊要的事情上強力維護自己的原則和看法。比如，今天是先購物還是先吃飯；穿這件大衣應該搭配哪種顏色的圍巾；牙膏應該是從中間擠還是後面擠；先掃地還是先洗衣服；炒菜應該先放鹽還是後放鹽，等等。

其實這些問題根本談不上對錯，它和一個人的生活習慣、審美標準等有關，做哪種選擇都無傷大雅。如果一個人認為自己的想法完全是對的，別人應該按照自己的要求去做，甚至用過分的話語批評、打擊對方的審美和想法，說明這個人擁有強烈的控制欲望。

2.對別人做的事總是不放心或不滿意

很多人看到別人做事的方法和結果與自己不一樣，心裡像扎上了一根刺似的。他們時常拿自己的標準來要求他人，即使這件事別人已經做過了，這些人還是會要求他再做一遍。或者乾脆不讓別人做，事事親力親為。這種情況更多會發

生在家庭中。比如，丈夫洗過的衣服妻子通常會再洗一遍；明明是孩子能力範圍內的事情，偏偏不讓孩子處理，自己親自處理……

3.總是想改造對方

為了讓對方變成自己心目中最滿意的樣子，控制狂們會通過各種法子去改造身邊的人。他們會像一台機器一樣對別人的一言一行都進行嚴厲審核，強迫對方按照自己的想法和標準去做事。這會讓他身邊的人備感壓抑，甚至於心理上出現問題。

4.限制對方的社交，窺探對方的隱私

夫妻間或者父母和孩子間經常出現這樣的控制性行為。比如，限制伴侶的人身自由；干涉其交朋友的權利；伴侶外出必須隨時報備行蹤；對孩子身邊的朋友一一進行「背景審查」，阻止孩子和朋友間的正常往來；強迫孩子和自己不滿意的朋友斷交；禁止孩子隨意外出等。

另外，很多人會對其家庭成員的隱私懷有濃烈的一探究竟的欲望。他們總是想方設法打探對方的行動和思想，甚至採取很多不能見光的行為和做法。

比如，偷看對方的日記、翻查其手機記錄、在對方進行正常社交時跟蹤對方等。為了更好地控制自己的伴侶和孩子，很多人會從經濟入手，完全掐斷其經濟自由的權利。

強烈的控制欲望首先傷害的是自己。心理學家分析說，控制者無時無刻不處於一種焦灼痛苦的心理狀態中。被控制者的一言一行都對控制者情緒造成了很大的影響。前者簡直成了後者的「心理遙控器」。所以，心理學家斷言，一旦誰成了控制者，意味著他就此成了精神上的弱者。他會變得越來越緊張、恐懼，乃至絕望，一舉一動都受到他人牽制。

其次，控制欲會對夫妻關係、親子關係等造成巨大的負面影響。病態的控制欲望害人害己，它讓我們不知不覺中失去人生最寶貴的親情、愛情。為了避免成為控制欲的奴隸，我們要時刻審視自己的行為，思考自己與他人的關係。

你那不是愛，是佔有欲在作怪

經典名著《巴黎聖母院》描繪了兩種截然不同的愛：強烈的佔有欲；無條件的奉獻和犧牲。道貌岸然、蛇蠍心腸的副主教克羅德愛上了吉卜賽女郎埃斯梅拉達，他瘋狂地想要佔有她。在這一過程中，克羅德卻漸漸由愛轉恨，最終將埃斯梅拉達置於死地。

凱西莫多亦愛上了埃斯梅拉達，他的愛卻無私而純粹。身形殘疾、一無所有的他是這個冷酷世界的「棄兒」，而埃斯梅拉達卻令他體會到了絕無僅有的溫存與美好。「我知道我長得醜，被扔石頭無所謂，但讓你害怕讓我覺得很難過。」凱西莫多這樣對她說。他明明知道埃斯梅拉達愛著別人，卻依舊不求回報地愛著她，不願意看到她傷心難過。

影視劇中常常會出現這樣一句台詞：「我得不到你，別人也別想得到，我會毀了他！」劇中人物嘴裡冠冕堂皇地說著他所做的一切都是因為愛，仔細想想，卻發現那些醜陋行為的背後並不是出自愛，而是佔有欲在作祟。正如克羅德對埃斯梅拉達的感情，自私而虛偽。

哲學家弗洛姆在《佔有與存在》中明確提出，愛有兩種含義：一種是重存在；一種是重佔有。在他看來，真正的愛是一種「創造性的行動」，「包括注意某人（**或某事**）、認識他、關心他、承認他以及喜歡他，這也許是一個人，或一棵樹、一張圖畫、一種觀念」。

而如果以一種重視佔有的方式來愛，可能意味著對愛的對象的限制、束縛和控制。「這種愛情只會扼殺人、使人窒息以及使人變得麻木，它只會毀滅而不是促進人的生命力。」

愛情的確是排他的，愛情也意味著一定程度的佔有。但是，單純的「佔有欲」和「控制欲」並不是愛。如果你只把對方當作自己的「私有物品」，容不得別人侵犯，更容不得對方拒絕自己的佔有，你的愛對於他人而言只會演變成負擔，甚至是災難。

佔有的欲望和真愛之間有著怎樣的區別呢？

真正的愛情很健康，而佔有的欲望卻畸形而醜陋。一個真心愛你的人會尊重你的意願，他們決定做某件事時一定會考慮你的感受，絕不勉強你。而一個佔有欲很強的伴侶卻恨不得把自己當成「宇宙中心」，他們的一切言行都只從自己的角度出發，卻將你拋在腦後。

真正的愛情中，伴侶之間的相處是平等的，相互尊重和信任的。而佔有欲主控的愛情中，常常伴隨著一方的妥協與忍氣吞聲。可無論你怎麼低聲下氣，也換不來對方的信任。

佔有欲強的人為了在短時間內得到自己想要的東西，常會不擇手段地逼迫對方。而真愛一個人的人，考慮問題會更周全和更長遠，根本不捨得對方受傷害。

佔有欲強的人可能會要求你在他的面前袒露你的所有，並廿四小時都圍著他打轉。而真正愛你的人恨不得給你他的全世界，並從內心深處去接納你、包容你、理解你。

佔有欲強的人一旦得不到你可能會因愛生恨，憤怒到恨不得毀了你。而真愛你的人哪怕最後無法和你在一起，也會衷心地祝願你幸福，你開心他便快樂。

印度泰姬陵附近有一家特殊的咖啡館。咖啡館裡所有的工作人員都曾受過硫酸攻擊。記者去採訪她們的時候，欣慰地發現這些女性儘管容貌被毀，卻都積極樂觀，像一株株向陽花一樣努力而勇敢地生存著。談起過往的遭遇，聽者們的心緊緊揪起，無比義憤填膺。這些女孩原本相貌美麗，追求者甚眾。然而，一些追求者或伴侶因為求愛不成，仇恨漸漸吞噬了他們的理智，促使他們將硫酸殘忍地潑向所愛之人的臉。

你能說這些追求者或伴侶是因為太愛對方才會做出這般惡行嗎？不是的，愛只是藉口。這些心靈扭曲的犯罪者不過是邪惡的佔有欲望的化身，更是狹隘、自私與自卑的代言人。

佔有欲式的愛情，可能會直接毀了你對愛情的美好想像，甚至給你的人生留下深深的陰影。如果你不確定自己是否陷入了一段畸形的愛戀中，不妨參考以下意見：

1. 相信自己的直覺

在一段充滿佔有欲的關係中，你會感到自己始終處於「緊繃」狀態。對方似乎有著濃重的不安全感，對你很依賴。日常相處中，你很怕出錯，總是很緊張。

如果你感到很不舒服，請相信自己的直覺，暫時從這段關係中脫身而出。給自己足夠的時間去思考這段感情的未來，而不要因為對方的花言巧語愈陷愈深。

2. 觀察對方的行動，是否總是在滿足他自己的需求

當對方說「我愛你才會這樣做」的時候，不要急於感動，觀察他的所作所為是否是站在你的角度為你思考。另外，如果你們相互的需求有衝突的時候，他會將你放在第一位，還是只顧滿足他自己。

如果他為你所做的一切都只是為了令自己更開心更滿足，或者遇到任何矛盾的時候首先考慮的只有自己，不用懷疑，他這是佔有的欲望大過對你的感情。

如果你自身是一個佔有欲望很強的人，一定要嘗試著強大內心，學會克制、消除內心深處這種自私的欲望。以佔有的方式去愛，就會限制、束縛和控制愛的對象。這樣的愛充滿壓抑、喪失活力、令人窒息、摧殘心靈，是毫無活力的「愛」。佔有和控制只是假借愛情名義的自私欲望。面對這樣一份「愛情」時，請保持警惕。

「我是為你好」的背後，其實是「你要聽我的話」

電視劇《你的孩子不是你的孩子》系列中〈媽媽的遙控器〉，被控制欲望腐蝕得面目全非的親子關係引發了無數觀眾的深思。有一天，一個神秘的男子將一個遙控器交給紀培偉的媽媽，交代說這個遙控器可以幫助她很好地管教兒子，讓兒子聽話。有了這個「讓小孩子聽話的神器」，紀媽媽可以無限次地重啟兒子的人生。在重啟的過程中，除了這對母子，別人都不會留下記憶。

從那以後，只要紀培偉任何地方做得讓紀媽媽不滿意，她就會按下遙控器，讓一切從頭再來。這讓紀培偉感到無限煩惱。他曾嘗試著和媽媽溝通，卻被一句話打發：「我都是為了你好。」她自覺是為了兒子好，所以讓兒子一遍遍去上補習課。一次聽不懂，就去十次、二十次；因為是為了兒子好，所以她插手兒子的初戀，讓兒子錯過了一段純真的愛情。

這個心思敏感的少年最後完全被擊潰，他一次又一次自殺，最後卻一次又一次地回到媽媽身邊。有了那個「讓小孩子聽話的神器」，他連死的權力也被剝奪……

「我是為了你好」、「我們犧牲一切都是為了你」、「我還能害你嗎，為你勞心勞力你還不領情」……從小到大，這句話我們聽得耳朵都起了繭。於是，無論是升學、就業，還是結婚、生子，這些關乎一生的重大決定，我們從來都無法從心底做出選擇。

只是，無數個「我是為你好」背後展露的都是赤裸裸的控制欲望。它無非是披著善意外衣的「一切由不得你自己決定，你必須乖乖聽話，按照我說的去做」。

親子關係中，這種佔有的欲望從不鮮見。這其實是心理學上「高壓型控制」的一種表現。即「親密關係中一方通過一系列的行為、使倆來達到控制和支配另一方的目的」。

不同於身體暴力的是，高壓型控制相當於一種「隱形枷鎖」。其對受害者造成的傷害往往表現在心理上和情緒上，不只是圍觀的人難以察覺，甚至連受害者自身也難以判定。

高壓型控制最常見的策略是情緒虐待。他可能會向你反覆強調，你們之間就該互相尊重、彼此體諒。然而，在真正相處過程中，遵守約定的人卻只有你。一旦你超出了對方的控制，做出讓他不滿的行為，他就會想方設法地道德綁架你。

「我為你付出了所有，你為什麼不尊重我」、「你要是真的在乎我，就該按照我的想法去做」……這些話會讓你產生十足的負罪感。你開始懷疑自己，是不是自己做得不夠好，所以才會惹對方生氣。就在這種自我懷疑中，你越發自責、愧疚、失落、抑鬱。

「貶低、否認和指責」亦是高壓型控制的策略之一。以下對話時常發生：

「我想嘗試另一條路。」

「你太不切實際了，以你的能力根本負擔不了那些。不聽我的，你就會走上彎路。」

「我真的不喜歡目前做的這些。」

「你根本不知道什麼最適合你，心態不成熟。等你吃了虧你就知道誰是真正為你好了。」

對方口口聲聲「為你好」，但說來說去都是為了控制你。這種話聽多了，你也會打心眼裡認為自己就是「不夠成熟」、「不切實際」、「能力低下」、「白眼狼」。這其實是一種變相的「洗腦」，令你漸漸相信，對方對你的控制是一種無與倫比的愛的表現。

值得注意的是，高壓型控制不只發生在親子關係中，還可能發生在戀愛關係中、友誼中，等等。太多人打著「我是為你好」的幌子，來滿足自己變態的控制欲望。然而，對於受害者來說，這種心靈折磨會讓他們痛苦無比，甚至給他們帶來毀滅性的打擊。

心理學博士麗莎·馮特思在與前男友同居過程中，逐漸發現自己一舉一動都受到了對方的控制。與對方分手後，她很久都走不出心理陰影。正是這段經歷讓她深刻意識到了高壓型控制的危害。她指出，親密關係中，施暴者會通過高壓型控制來摧毀受害者的自我價值和自尊感。後者會變得患得患失、敏感脆弱、自卑低下，失去正常的交際能力。

高壓型控制還可能讓人陷入一種「習得性無助」之中。受害者慢慢會失去反抗的勇氣，對對方言聽計從、逆來順受。發展到最後，他們甚至會自己給自己洗腦。他們會認為自己所遭遇的一切都是上天施予的懲罰，這便是自己的人生，反抗一定會帶來更不好的結果。

哪怕最後脫離了控制，受害者也極可能出現類似「創傷後應激障礙」的症狀。他們可能會長久陷入負面情緒中無法自拔，不斷地做噩夢或者持續失眠等。

如果你正深陷於這樣一段畸形關係中，一定要及時地抽身而出，而不要屈服於對方的控制欲。要知道你的妥協只會令對方變本加厲，令你逐漸失去自我，變得面目全非。

對「絕對控制權」的渴望源自恐懼

或許，你也曾有過類似的體驗：對身邊的人和事有著嚴苛的要求，一旦有人違逆了你的意願，逾越了你所制定的「規範條章」，你就會覺得煩躁和憤怒；

強迫別人接受你的意見，或希望別人能按照你的想法做出改變；與別人意見相左時，不厭其煩地想說服對方……

以上種種，體現的都是人的控制欲。心理學家認為，強烈的控制欲，源自人們內心的恐懼。尤其是那些盼望著能擁有「絕對控制權」的人，可能是因為曾在過往的某個人生階段經歷過「失控感」。這種糟糕的體驗在他們心中埋下了一顆恐懼的種子。

美劇《生活大爆炸》的主角謝爾敦是個不折不扣的控制狂。他不允許室友隨意調整公寓的溫度；不允許別人隨意坐他的專座；室友上廁所的時間必須按照他設置的時間表來進行；朋友們必須按照他的喜好來訂餐；玩遊戲時，別人必須聽從他制定的遊戲規則……

謝爾敦爆棚的控制欲，源自他天生的怪性格，也與他的童年經歷息息相關。他的哥哥及姐姐性格頑劣，從小喜歡捉弄他。每當被惡作劇，謝爾敦心裡對失控感的恐懼便又多了幾分。往後的人生中，他拚命尋找「控制」，以獲得更多的安全感。

有過失控體驗的人對安全感的需求比旁人更強烈。為了避免失控感再次降臨，他們不惜付出種種努力。為了改寫過往的傷痛記憶，他們無時無刻不盼著獲取足夠多的控制。

比如，那些童年成長在混亂無序的家庭環境中的人，成年後為了補償自己曾經受過的苦難，他們往往會追求身邊的人和事都能達到一種微妙的平衡，極其討厭改變。掌控能帶給他們一種無與倫比的力量感，讓他們相信可怕的「失控感」永遠不會降臨。

這份恐懼背後，歸根結底是安全感的缺失造成的。馬斯洛需求理論剖析了人類的需求，依次為生理的需求、安全的需求、愛和歸屬的需求、尊重的需求、自我實現的需求。

其中，安全的需求連接起生存需求和精神需求。馬斯洛將心理上的安全感定義為「一種從恐懼和焦慮中脫離出來的信心、安全和自由的感覺，特別是滿足一個人現在（和將來）各種需要的感覺」。安全感嚴重匱乏的人浮躁敏感疑心重，所有這些思想及情緒都會加重恐懼或者焦慮的心理狀態。於是，他們會變本加厲向別人施加壓力。

這又印證了心理學上的另一種說法「被剝奪超級反應傾向」。一旦你感覺到「對所關注的人和事的掌控感慢慢丟失或者被剝奪」，你心裡的不安全感就會越來越強烈，控制欲因此越來越強。所以很多戀愛關係中，一方會拚命想要控制另一方，不過是因為他害怕失去。

恐懼滋生了越來越多的控制欲。可越是追求絕對控制權，越容易陷入失控的危險中。在患得患失的心情中，我們對「失控」更為敏感，並人為地放大失控所帶來的負面影響。又因為害怕出現想像中的壞結局，我們很可能行為衝動，甚至失去理智。

你要清醒地認識到，幾乎沒有人能絕對控制周遭的人事物。任何一個環境中都藏有太多不可控因素，你唯一能做的是不斷加強自我認知，努力平衡心態。

接著，你需要試著去覺察你對絕對控制權的渴望是否正給你帶來困擾。一位著名的心理學家指出，人們可以通過想像的方式來幫助自己覺察這些困擾。比如，想像自己正努力攀爬在高峰上，目標是雲霧繚繞的山頂。每向前進一步，都要伴隨著失控的想像。在這個過程中，不斷問自己：「我是不是無法忍受這些？我究竟有多害怕這些？」如果你認為失控的原因都在於自己，而且內心極其恐懼的話，你的控制欲很可能已經達到了一個頂峰。

專業人士建議，我們可以採用記錄「自由清單」的方式來逐步擺脫這種病態的欲望。首先想像你正在拚盡全力地克服失控的恐懼，努力向著山頂攀爬。記錄下你在這一過程中的情緒感受、浪費的認知資源，包括時間和精力等，整理成一份「自由列表」。

回到現實生活中的時候，每當意識到你又在渴望絕對控制權，不妨拿出這份「自由列表」。依靠它來提醒自己：「過多的控制欲只會讓我失去更多東西。」

如果你正處於失控狀態中，千萬不要施加更多控制。這只會讓你變得越來越糟糕。秉持順其自然的心態，讓整個人都鬆弛下來。慢慢地你會發現失控也沒自己想像得那麼可怕。它是人生的一部分，你完全能夠和它和平共處。久而久之，恐懼也就消失得無影無蹤了。

別拿愛囤東西不當回事兒，你有可能是得病了

出門逛街看到了新款包包，頓時兩眼冒星星，瘋狂地想佔有；同款式的衣服一買就是好多件，想不起來穿也捨不得扔；積攢的大量旅遊區紀念品，塞滿了家裡每一個角落……

生活中，很多人喜歡囤積物品，不管能不能用上，先擁有再說。這是赤裸裸的佔有欲望在作祟，在心理學上被叫作「囤積癖」（**強迫性囤積症**）或者「松鼠症」。指的是喜歡收藏、囤積、購買一切「有一天可能會用上」的物品，從中獲得無與倫比的滿足感和愉悅感。哪怕這些物品最終被證實沒有太大的實用價值，甚至嚴重影響到生活品質也不願意放棄。

一部小說中有這樣的情節：女主人公喜歡買過季打折的衣物，明明不需要，卻控制不住想買。她迷戀「囤物」的感覺，卻討厭整理舊物。結果家裡亂糟糟的，連她的父母過來，看到這一切都嫌棄得直皺眉頭。

每次出差住酒店，她習慣將酒店贈送的毛巾、牙刷帶回家，明明用不上這些東西卻克制不住地想要佔有。其實她工作體面，收入很高，在身邊的人看來她的這一怪癖實在難以理解。連她自己也不太明白自己為什麼會這樣做……

在專業心理醫師看來，「囤積障礙」屬於一種精神疾病。囤積障礙患者那種過度堆積物品的行為嚴重影響到了他們的生活，也給他們的家人帶來極大的困擾。據國外調查，成人的囤積症發病率為百分之一到三。有的人甚至收集垃圾、廢品或者流浪的動物。而每當囤積障礙患者試圖扔掉某些物品時，內心矛盾又痛苦，這對他們而言是一件難以忍受的事情。

強烈的佔有欲讓他們變成了過冬的「松鼠」，終日忙忙碌碌囤積「堅果」。隨著生活空間被逐步壓縮，他們陷入負面情緒中無法自拔，生活和工作亦徹底失去了秩序。

很多人認為囤物癖是懶惰和不講衛生，真實原因遠遠沒有這麼簡單。心理醫師分析說，導致囤物癖的原因多種多樣，可能是因為當事人患有「選擇困難症」，害怕做錯決定；可能是因為他們以前生活在物資貧乏的年代，也可能與他們早年特殊的生活經歷息息相關。唯有不擇手段地囤積物品才能令他們感到安全，給予他們一種特殊的心理慰藉。

諸多原因中，有一點尤為關鍵：囤物癖患者也許是因為年少時佔有欲望未得到滿足。這欲望被深深壓抑在心底，一旦反彈，所帶來的摧毀力令人膽戰心驚。

電影《被嫌棄的松子的一生》中，松子後期住在一個陰暗狹窄的房間裡。她周圍堆得滿滿的都是飯盒、過期的食品和其他垃圾、廢品。當她置身其中時，反而感到一種滿滿的安全感。而她此生所經歷的一切悲慘遭遇都與她童年時佔有欲望未得到滿足息息相關。

年幼時候的她渴望獨佔父母的愛，但他們卻將所有的愛與耐心都傾注到了妹妹身上。長大後的她，終身都在尋覓別人的愛。可佔有的欲望越是強烈，她的人生便越是艱難。這欲望變成迷霧，遮住了她的雙眼，令她一次次做出錯誤的決定，最終與幸福失之交臂。

如果你也有著囤積癖的諸多症狀並為此而煩惱，那就可能是因為你的心理「生病」了。除了要尋求專業心理醫師的幫助外，平日生活中還要學會自我減壓，保持平穩情緒。

面對過往的痛苦經歷，不要逃避，請勇敢面對。你越是不敢正視內心的佔有欲望，便越容易陷入負面情緒的泥沼中無法自拔。若想擺脫痛苦，就要認真地去分析自己的某些病態行為，找到其背後的原因。或找信任的朋友替自己分析，這會給你莫大的鼓勵。

執著於佔有的欲望會讓我們變得盲目而又可悲。嘗試著去消除內心的佔有欲，時刻懷有一顆「辭舊迎新」的心，才能治癒我們受傷的靈魂，令我們告別囤物癖。

「控制狂」是在用處理別人的問題來迴避自己的問題

《哈利・波特》中，當哈利收到霍格沃茲寄來的入學通知書時，他的姨父姨母，弗農和佩妮夫婦展現出了濃濃的控制欲。他們不允許哈利去霍格沃茲上學，不允許他談論魔法，更嚴令禁止他接觸魔法世界的人。為此這對夫婦不惜撕毀信件，四處躲避。而在哈利成長過程中，他們也一直禁止哈利提起自己的父母，並像對待傭人一樣管控著哈利的一切。

如何去應對他人的控制欲望，實在是令人頭疼的問題。不順從對方的意見，他可能會不擇手段地威脅你、恐嚇你，讓你內心充滿不安與恐懼。一味聽從對方的安排，又讓你覺得自由意志被剝奪，不受尊重、壓抑無比。久而久之，你變得越來越逆來順受、膽小怕事。

心理學家分析說，我們之所以會產生這樣的感受，是因為身邊那些控制欲強的人將內心迴避的種種負面情感通通扔到了我們身上。正因他們不願意面對自己性格中懦弱、膽小、無力、敏感、自卑的那一面，才不斷地將這些問題推給別人。這是這一類人適應環境的一種方式，即通過處理別人的問題來轉移注意力，迴避自身的問題。

好比《哈利・波特》中，弗農和佩妮在人前總擺出一副盛氣凌人、高高在上的樣子，實則外強中乾，極其膽小懦弱。尤其是佩妮姨媽，她面對自己的妹妹——哈利的母親時其實是很自卑的。但為了掩飾這份自卑，她對待哈利一直很嚴苛，不斷強制哈利順從自己的意願。

控制欲強的人為了迴避內心的衝突，常常會將全部精力集中於外在衝突上。那些凝結於胸、給他們造成長久困擾的問題大致分為兩類：難以接納自身和不願意為外界不斷升高的挑戰去提升自己。先來談談前者，一個人之所以無法接納自己，與早年經歷息息相關。比如，成長過程中父母總是用言語貶低、打擊一個孩子，或在看到他時擺出嫌棄的神色。這會讓一個孩子深受傷害，這種屈辱感深深刻印在他的記憶裡，讓他難以忘懷。為了獲得解脫，他往往會選擇不去面對這些情緒。這導致他應對負面情緒的能力越來越弱。長大後，他會極力否認自己人格中弱小、脆弱、自卑的那一面。與此同時，他為了證明自己的強大有力及堅不可摧，往往會不遺餘力地向身邊的人灌輸自己的想法。明明自己脆弱而自卑，卻責怪別人缺乏安全感；明明自己不夠自信，卻抱怨別人患得患失……

再來談談後者。儘管外界一直在變化，但控制狂們卻不願意去提升自己。他們堅持認為「問題不在於我」、「我是絕對正確的」、「我的感覺最重要」等，始終不願意反思自己。正因如此，他們才會習慣性地用外因來解釋自己遭遇的事件。比如，生活中很多父母認為自己完全不需要成長，孩子出現問題了一定是受了外界環境的影響，或是孩子自身的問題。

他們不願意直面孩子的思想會隨著年齡的增長不斷成熟，總有一天會離開自己等情況，無視孩子的感受，用各種手段逼迫孩子接受自己的安排。

總而言之，任何一段關係中，若其中一方認為自己百分之百沒問題，且習慣將責任扔給另一方，都容易形成控制。但其實，每一個看似強硬的態度背後，都顯露出濃濃的脆弱心理。

網路上有人問：「為什麼有人控制欲那麼強？」一個回答獲得很多讚：「因為這類人欺軟怕硬又控制不了自己。在別的地方受了氣，沒法還擊，只好拿更懦弱者出氣。又怕懦弱者還擊或者怕懦弱者變得聰明超過他，導致他失控。這類人通常也就是紙老虎，表面強勢。內心不敢正視自己的缺點，反而對別人吹毛求疵。自大與自卑並存。」

其實，內心真正強大的人，是不需要用控制、打壓別人來凸顯自我權威的。

一旦你意識到你對他人擁有強烈的控制欲望，首先將目光從外界收回，投射向自我內心深處。通過追溯過去的方式探尋自己的情緒和情感，一點點拼湊起真實的你自己。

只要足夠坦誠，你輕易就能發現自己的某些特質，比如，敏感脆弱、卑微無助等。過去的你，總是迴避它，拒絕承認它。從此刻起，勇敢地直面它、接納它。只有這樣，你才能克服它，永遠地擺脫它。所以，當你對別人怒氣沖沖、苛責不已的時候，及時問問自己：「你為什麼那麼介意他的行為？」、「他那樣做讓你產生了怎樣的感覺？」、「你為何如此害怕？」

有時候，你甚至需要將自己逼到「牆角」，才能完全看清自己的虛偽。如此，你才會考慮別人的需求和感受，而不是厚著臉皮將自己的問題甩給別人，讓別人為你的感受負責。

為了獲得內心片刻的舒服與安寧，控制狂們往往會將身邊的人當成「墊腳石」，通過拚命地埋怨、指責別人來轉移焦點。如果你身邊也有這樣的人，一定要態度強硬，不要被其影響。如果你本身具有這樣的傾向，從這一刻起，學著拋去虛偽直面內心。

怎麼拯救你，我的控制欲

某論壇上，一位網友傾訴說，他是個很情緒化的人，有著極強的控制欲。無論是和親人、愛人還是和朋友相處，他都會下意識地去干涉對方的想法和行動，對他們指手畫腳。身邊的人越來越受不了他，他也為此感到苦惱不已，可就是無法消解自己的控制欲。

想要放下自己過於強烈的控制欲望，首先你要對控制欲有一個正確的認識。從心理學角度而言，這個世界上沒有完全無控制欲的人，也不存在完全不受控制的人。

人從出生開始，就得學會去控制身體。隨著時間流逝，嬰兒得漸漸學著控制自己的面容五官去表達情感，控制自己的手足，慢慢學會直立行走。

再長大一點兒，為了更好地適應環境，他得學會控制自己的情緒與想法。可見，周邊的環境同時也在控制著他。在心理學大師佛洛伊德看來，無論我們控制的是自己還是別人，其實都是為了滿足生物本能的需要，即更好地生存下去。而人在剛出生時往往有著最高的控制欲。只因剛出生的嬰兒十分弱小，潛意識裡對自我認同感低。

那麼，哪種情況下人的控制欲望會逐步減弱？在他被適當滿足，個人價值得到充分肯定的時候。在他意識到即便偶爾放手，周圍的環境也不會變得讓他無法忍受的時候。可見，想要拯救自己的控制欲，我們先得擺正自己和他人之間的關係，不斷提升個人價值。

前段時間，一對韓國明星夫婦鬧離婚的新聞在網上傳得沸沸揚揚。新聞中的女方被爆出結婚時要求男方簽訂了一份家規，其中很多條文都讓人感到窒息。比如，「在外面喝酒只能喝到十點」、「脫掉的衣服放到原來的位置，不能任性耍脾氣，小心說話」，等等。

令人無法理解的是，這份準則的最後卻標明：女方需要注意的點，無。很多網友吐槽說，女方這是將自己放在了絕對正確的位置，絲毫不容挑戰。有熟悉女方的人這樣分析說，女方近些年來演藝事業發展停滯不前，雖然她嘗試的領域很多，卻都沒有取得亮眼的成績。可能是因為自我價值感低，才焦慮地想要抓緊一切。這慢慢演變成了恐怖的控制欲。

控制欲強的人大多缺少和不確定性共處的能力。一般由以下兩種情況造成：

1. 被過度「剝削」

這樣的人可能擁有很多傷痛體驗，這讓他們很難信任別人，更難信任自己。他們通常有著較低的自我評價。可是，這樣的人極度自卑的同時往往又很自負。

2. 被過度滿足

這其實是另一種形式的「被剝削」。正因他們成長過程中很少體驗過失望的滋味，所以也很難真正成熟起來。等進入社會後，一旦某件事或某個人讓他們感覺到失望、不受控，洶湧的負面情緒可能會直接摧毀他的自信，令他對自身的認同感一夜間降到谷底。

心理醫師認為，處理好任何關係的前提，是先處理好與自己的關係。你要學會建立一個新的自我評價體系，這是去除病態的控制欲望的第一步。試圖去聽取和接受外界對自己的評價和批判，但亦不能放棄傾聽來自內心的聲音，這樣才能更正確地認識你自己。

很多人一直對自己很苛刻，這是他們自我價值感低的原因。如果你也是這樣的人，不妨每天起床時都在心裡默默為自己加油打氣，或者，每天早上看著鏡子裡的自己，強調這幾點：你有很多閃光點；你能憑藉自己的能力保護好自己；你是一個可愛而有趣的人。

我們情緒低落的時候，腦海中難免會出現自我否定的聲音。這時候就要學會用正向評價來遮罩。比如，請那些真正瞭解你在乎你的親人、愛人、朋友來客觀地評價你自己，記錄下那些正向的積極的回饋。時不時回味這些評價，給自己更多的自信心。

你要學會接納他人，認識到人和人之間是不同的，人需要多種關係交互融合構築成一個豐富的精神世界。很多時候，關係中的控制，源於你只注重自己的感受，卻不注重對方的需求。不妨以更彈性的心態去面對變化中的一切，學著包容一段關係中的不完美，學著傾聽對方的心聲。你還要明白，除了愛情或其他親密關係外，人應該有更精彩的生活。

你需要轉移注意力，培養更多興趣愛好，或盡可能地擴大自己的圈子。很多控制欲強的人，恨不得將所有時間和精力都傾注到自己的愛人或者親人身上，於是漸漸在這段關係中迷失自我。其實，生活中有那麼多美好的事物值得你去關注，何必鑽進牛角尖裡不斷給自己給他人帶來痛苦？不妨多去接觸一些陽光向上的人、事、物，遠離負能量。

比如，多來幾場輕鬆的旅行，多聽幾場激情昂揚的音樂會，多和積極豁達的人交往。在這個過程中學會更深地觀察自己的思緒和情感，與自己達成和解。

控制欲強，是一種病。為了馴服內心的控制欲，你必須逐步強大自我內心，建立起穩定的自我價值感。這樣你才不必通過控制別人來獲取信心。

面對控制與佔有欲望過強的人，守住自己的界限

一位女作家曾在其自傳中提起這樣一件事，在她剛和前夫陷入一段甜蜜的愛情時，對方化身成為天下最懂得照顧女人的男人。那時候，每天早上她一睜開

眼睛，便發現床頭擺著一杯熱騰騰的牛奶，一份她愛吃的食物和一份她必看的報紙。但相處久了，才發現他這份溫柔背後有一個前提，那就是「一切事物在他掌控中」。一旦他的佔有欲和控制欲受到了挑戰，他就是最不容人的那種人。

如何聰明地和控制欲強的人相處，是一個難題。因為這樣的人可能終身都在追求支配與操縱的感覺。如果不想被對方牽著鼻子走，就一定要守住自己的界限。

現實生活中，很多人卻不瞭解這一點，以至於頻頻走入以下兩個誤區中：

1. 與控制欲強的人進行無意義的爭辯

控制欲強的人樂於見到別人屈服於自己的影響力下，他們生平最喜歡的事情就是在無意義的爭辯中勝過他人。拿《生活大爆炸》中的謝爾敦來說，每當朋友憤怒地問他，為什麼別人都得按照他的想法去行動時，謝爾敦都會眼前一亮，興趣十足地去反駁。他會搬出一大堆「歪理邪說」，胡攪蠻纏直至朋友徹底認輸。他很享受這種勝利感和滿足感。

其實，明智的做法是按下暫停鍵，拒絕爭論。你可以第一時間告訴對方：

「我們當然需要談一談，但現在我們都在氣頭上，顯然不是交談的最佳時機。不如等到明晚。」

2. 盲目陷入情緒陷阱中

和控制欲強的人在一起，你很容易被激怒或者感到沮喪。事實上，控制狂們最喜歡看到別人情緒失控，這樣他們才有機可乘。因此，在和控制狂打交道時，一定要做好情緒管理。比如，和他們說話之前，試著深呼吸。交流的過程中，每逢情緒臨近爆炸，不妨想像一些能讓自己鎮定下來的事情。比如，幻想自己正沐浴著陽光踏在一片青草地上。

如果對方步步進逼，令你不得不做出反應，不如含糊其詞地回應他。比如「你說的這些我還得考慮考慮」。千萬不要和對方較勁，你一認真便落了下風。

其實，與擁有強烈控制欲的人相處，第一步是建立好邊界。首先任何時候你都要牢記自己的基本權利。不要因為對方難相處，就逐步退讓。要知道你退一步，別人就會進一步。況且，那些控制欲強的人最擅長給人洗腦，讓人不敢去爭取自己應有的權利。

才女蔣方舟曾說，很長一段時間裡她都在犧牲自己的權利去忍讓他人。只因她潛意識裡認為自己是不值得被他人無條件愛著的。慢慢地，她「好像越來越不會去表達自己真實的情緒」。直至有一次，一位年長者肆無忌憚對她指手畫腳，將她批評教育了一通。

那一刻，她的那些權利意識彷彿都覺醒了。她嘗試著和對方據理力爭，然後揚長而去。這件事讓她明白，原來自己也是值得被人善待的。從那以後，她時刻提醒自己，任何時候、任何場合中都要將自我權利放在第一位，尤其面對那些強勢的人更要積極爭取自我權利。

另外，在和控制欲強的人相處時，你要第一時間亮明底線。清楚地告訴他們你可以容忍什麼，不能容忍什麼。如果口頭強調不管用，不妨用紙筆記錄下來。

記住，或許你沒有能力控制也不屑於去控制別人的負面行為，但是你可以控制自己做出怎樣的回應。比如，和控制狂男友分手，將控制權完全掌握在自己手裡。你要做獨立的個體，而不是被精神虐待的受害者。

第九章 保持適度的欲望，讓我們體會到快樂

戰勝欲望的第一步是走出負罪感

精神分析學認為，欲望會產生負罪感。那些意識到自身洶湧欲望的人，同時也會受到負罪感的折磨。

凡人都有七情六欲，想要戒除欲望無疑是難上加難。所以，越來越多的人不由自主地陷入一種矛盾的心理中：「我有欲望」，可「欲望是有罪的」。

可這種思維模式只會讓你的情緒變得失控，讓你始終走不出負罪感的陰影。

有的人因此終日活在惶恐中，總是覺得自己「不值得人愛」、「配不上更好的生活」，於是動不動犧牲自己成全他人。有心理學家將這一類人的心理特點總結為「享受能力低下」。

享受能力低下的人可能過得無比節儉。他們拚命壓抑著內心的欲望，彷彿自己有需要這件事就是對不起誰似的。哪怕是正常的消費，也會在負罪感的驅使下殘忍地攻擊自己：「你又不是豬，為什麼總是這麼貪嘴。」、「你有什麼資格穿這麼好的衣服，對得起誰啊？」……

享受能力低下的人，哪怕遇到一份真摯的愛情也總是逃避。他們不敢面對內心對愛的需求，在真心喜歡的人面前總是沉默畏縮，遲遲不去追求。即便對方向自己表明了心跡，也不太願意相信，總小心翼翼地試探對方。有的人因為害怕被拋棄，甚至會主動放棄對方。追根究底，是他們對自己愛的欲望有著深深的負罪感，覺得自己不配被愛。

享受能力低下的人，往往會錯過很多改變人生的機遇。這往往不是因為他們能力不夠，而是因為他們在機遇來臨之際一直觀望、猶豫，卻不敢付出行動。等機會流失後，他們一面追悔莫及，一面否認自己：「看吧，你註定只能過這樣的生活。」

這一類人對自己的「需要」懷有羞恥感和愧疚感，所以才拚命壓抑自己的欲望，不斷說服自己繼續過糟糕的生活。可是，人在心理上越是不接納自己的欲望，就越容易失控。失控後又會帶來更多負罪感，於是我們的心情越來越壓抑、沮喪，終日患得患失。

而這還不是負罪感能帶來的最壞的情況。武志紅分析說，有些人可能在負罪感的驅使下走向另一個極端——「用破壞的方式去追求欲望，用瘋狂的方式來表達欲望」。

這一類人打心眼裡認為「需要是有罪的」，內疚折磨著他們的靈魂，讓他們覺得很不舒服。為了徹底消除這種內疚感，他們乾脆順從於內心邪惡的欲望，無惡不作。

正如小說《追風箏的人》的主人公阿米爾為了消除自己對僕人哈桑的愧疚，不惜冤枉哈桑偷了自己的生日禮物。負罪感令這樣一個本性良善的少年淪為說謊的惡魔。

另一部經典武俠小說《倚天屠龍記》中，武當弟子宋青書原本前途一片光明。後來他因偷窺峨嵋派女寢，被師叔莫聲谷撞破而逃走。之後宋青書又中陳友諒奸計，誤殺師叔莫聲谷。

宋青書不願意承認出身名門的自己居然有著諸多邪惡、齷齪的雜念，同時殺害師叔的負罪感又折磨得他食不知味、夜不能寢。為了擺脫這種負罪感，宋青書一不做二不休，乾脆聽從陳友諒的唆使，公然當了武當的叛徒。後來，他甚至謀劃著要去毒殺張三丰及武當一眾弟子。至此一步錯步步錯，宋青書的人生徹底走向萬劫不復的境地。

為了避免這一切的發生，我們一定要走出病態的負罪感。你要意識到，你有需求、有欲望是一件無比正常的事情。你沒必要犧牲自己的需要或者用嚴厲地譴責自己、懲罰自己的方式來消除這種負罪感。武志紅說，如果**一個人總是滿足別人的需要卻從不滋養自己，就一定會「乾枯」**，直至失去生命力。為此，他提出一個自我拯救的小技巧：

端正地坐在沙發上，同時放鬆身體，做幾個深呼吸。徹底放鬆下來後，一面回顧過往歲月，一面緩慢地說出這句話：「我最想要的是……」

多重複幾遍，你可能會說出一個在內心隱藏很久的，連自己也未察覺到的願望。接下來，請盡量滿足自己的需要，盡全力滋養自己。依靠這個小練習，你的負罪感會逐漸消失。

你要正面應對、嘗試接受讓自己感到害怕甚至是有些邪惡的欲望。如果每次腦海裡冒出點兒邪惡的想法，你都是用逃避的態度去應對，那些邪念反而會深深紮根於你的心中。明智的做法是坦然面對，同時積極分析自己的心理狀態，始終保持清醒的頭腦。

你的欲望、需要，甚至「惡的衝動」都不是一種罪過。這些都是人與生俱來的屬性。唯有走出負罪感的陰影，才能有效地管理欲望，獲得真正平和、快樂的心境。

懂得取捨，魚和熊掌不可兼得

綜藝節目「超級演說家」的舞台上，某選手一篇名為《欲望管理》的演講獲得很多掌聲。她侃侃而談道：「在這個社會上，我們女人的角色很多。為人妻為人母為人女。為人上級，為人下屬。每一個角色，都要求我們做得很好。我們在做每一個決策的時候，直接導致的就是，我們的欲望自然會很多。有欲望有錯嗎？沒錯，欲望多有錯嗎？好像也沒錯。」

她頓了頓，繼續說道：「我們女人要合理地去管理我們的欲望。同時在實現所有欲望的過程中，我們要做到取捨二字。我們要學會去取捨，這是一個人應該掌握的技能……」

人的一生少不了選擇。我們總盲目追逐著與個人能力不相稱的目標，過分欲求越來越多的東西。雖然「魚與熊掌不可兼得」這句箴言時時響在耳邊，卻並沒有被深深刻印在我們心裡。年齡越大，反而變得越來越貪婪，欲望似乎從未有過被滿足的時候。然而，那些主動去節制欲望、懂得取捨並及時放棄的人才能收穫真正平和從容的心境。

經濟學上有一條「鱷魚法則」，意思是說：若有一條鱷魚狠狠地咬住了你的腳，你如果伸手去掰鱷魚的嘴，想將腳掙脫出來，你的手和腳很可能會被鱷魚同時咬住。你掙扎得越是厲害，被咬的部位就越是多。想要活下來，唯一機會是捨棄被咬的那隻腳。

一旦察覺到心中的欲望變成了咬人的鱷魚，你就得當機立斷地割捨掉心中的貪念，否則只會被牠吞噬掉越來越多的幸福。而不懂取捨的人，只會接連遭遇現實的暴擊。

所謂「人心不足蛇吞象」，在取與捨面前，人們總是選擇前者。能夠捨棄貪婪欲望的人實在少之又少。行走在人生的旅途中，不要只顧著索取，你若一刻不停地往背囊裡放東西，遲早會被那沉甸甸的欲望壓得抬不起頭直不起腰，被折磨得一輩子都心神不安。

想要從容地走過這歲月，就得時不時地清空欲望，從零開始。正如佛蘭克林所言：「**放棄是生活中必須面對的一種選擇，學會放棄才能卸下人生的種種包袱，輕裝上陣。**」

義大利著名男高音歌唱家帕華洛帝小時候野心勃勃，既想要當老師，又想要當科學家或者工程師。在他的想像裡，長大後的他逐一實現了這些目標，而且在每一個領域裡都很成功。父親卻告誡他說，榮耀只有一份，如果他想要得太多只怕最後會一事無成。

帕華洛帝將父親的勸導牢牢記在心裡，在父親的提示下，他最終選擇了歌唱事業。他向著這個目標孜孜不倦地努力著，最終獲得了屬於自己的輝煌與榮譽。

《臥虎藏龍》中有一句經典台詞：「**當你緊握雙手，裡面什麼也沒有，當你打開雙手，世界就在你手中。**」

人生路漫漫，其中埋伏著太多的誘惑。我們身邊亦纏繞著太多無形的欲望。聰明的人不會將一時的得與失看得太重。得到，他們不會大喜，更不會貪得無厭；失去，也不會擾亂他們的心境，令他們從此一蹶不振。正因他們懂得取捨的道理，才能如此坦然地面對這一切。希望你我在關鍵時刻都能學會取捨，該放棄的時候都能下定決心。

降低欲望值，增強幸福感

畢業參加招聘會，你無比渴望能找到一份薪水高、福利好、壓力小、離家近的工作；辭職去創業，你希望毫不費力地就能達到年入百萬的「小目標」，輕輕鬆鬆走上人生巔峰；將資金壓在一檔股票上，你盼著它能持續上漲，永遠不會跌……

你往往想得很美好，現實卻很「骨感」。於是，你變得越來越焦慮了。之所以會這樣，是因為你欲望的「閾值」過高。現實經驗告訴我們，欲望的閾值越低，越容易得到滿足，幸福感就越強烈；欲望的閾值越高，越不容易滿足，幸福感便遲遲不來。

一位演員曾說：「人越傻，越幸福。」這裡的「傻」其實指的是欲望低，對生活的要求低，只要稍微努力，就能夠觸摸到這份真切又實在的幸福。

毛姆的小說《人性的枷鎖》中，菲力浦與亞瑟尼涅形成了鮮明的對比。菲力浦小有資產，各方面的條件都比亞瑟尼涅好得多，但他卻始終心事重重，不如亞瑟尼涅過得開心。

菲力浦從小就有著強烈的出人頭地的欲望。長大後，他做夢都想著要發財致富。每逢美夢被戳破，他都會變得焦慮不已。而亞瑟尼涅卻有著截然不同的生活態度。雖然家裡很窮，他卻不認為自己正身處於逆境之中，也不會為此感到痛苦。他珍惜生活中一點一滴的幸福，從不會對未來懷抱著不切實際的打算。見他活得如此有滋有味，菲力浦羨慕不已。

一位網友感慨道：「小時候吃點兒豬油拌飯簡直香到骨子裡，可如今哪怕面前擺著山珍海味也不覺得開心。」這其實就是閾值的增長。

有這樣一個幸福公式：幸福感＝得到的－期望的。雖然欲望的滿足能帶給我們幸福感，但這其實是一件很難的事情。只因「人生而有欲」，欲望伴隨著人的一生，欲望實現所帶來的滿足感同時也會提高你的閾值，令你越來越不容易感知到幸福。

想要追尋真正的快樂與幸福，不妨嘗試著去降低欲望值。按照經濟學的觀點，同樣的事物會產生相似的效用，可是欲望值越高，所能得到的幸福就越少。比如，一位有錢人和一位窮人都撿到了一百元，富人的欲望是買下一棟更大的房子，一百元對他而言是杯水車薪。而對於窮人而言，他的欲望只是吃一頓飽飯，一百元給他帶來的幸福感是無與倫比的。

學會降低欲望值，反而能提升我們的幸福指數。有人做了一個形象的比喻：與其在一口大鍋中貪婪地撈取食物，不如從精巧的小杯子裡從容地呷一口美酒，並享受其中。

泰戈爾說：「人到中年，會放棄虛幻的世界和不切實際的欲望，總是把它局限在自己力所能及的範圍之中。」將欲望值設置得過高，只會迎來越來越多的失望。將欲望值調低，就更容易達到目標，獲得快樂的心境。這種快樂也是促使我們向下一個目標邁進的動力。

當然，所謂降低欲望值，不是完全割捨欲望。如果一個人毫無追求，過得頹喪懶散，也會讓人詬病。降低欲望值體現的是一種淡泊的境界，也是一種務實的生活態度。只因理想與現實之間終歸是有差距的。秉持著「未料勝先防敗」的心態，不帶負擔、拚盡全力地去應對生活中的挑戰，無論結局是好是壞，都不會削弱我們的幸福感。

擁有欲望不是一件壞事，但過多的欲望卻能成為我們痛苦的根源。古語說：「貪如火，不撲則燎原；欲如水，不遏則滔天。」財富、名利、權勢，一點點膨脹著我們的私欲，一步步提升著我們的閾值。它令我們泥足深陷，無法自拔。

正如《漁夫和金魚的故事》裡，那個貪心的漁夫老婆，有了新木盆，她卻覬覦起了木房子。有了木房子，她就想要當貴婦人。當上了貴婦人，她卻不滿足，還想當女皇，甚至海上霸王……欲望像肥皂泡沫，越吹越大，一旦超過閾值必然破裂。

所謂「少欲則心靜，心靜則事簡」。嘗試著去降低欲望值，你會發現簡陋的出租屋也充滿溫馨，簡單的白饅頭吃起來也很香。嘗試著去做一回「傻傻的」自己，你會發現幸福原來就在自己身邊。

學會做減法，才能享受到人生的真正樂趣

某綜藝節目中，一位女演員被問到擇偶標準。她想了想，認真回答道：「我喜歡看過世界的男生，不喜歡對世界還蠢蠢欲動的男生。」其他人聽了迷惑不解。她又解釋說：「因為只有讀懂過生活，看過世界，你才會珍惜眼前所擁有的東西。」節目現場，一位作家聽了女演員的話很是讚賞，並立馬補充道：「這就是一個見過世界的女人的擇偶標準。」

有句話說得好：「越是見過世面的人，欲望就越少。」這樣的人懂得給自己的思想做加法，給自己的欲望做減法。正如梭羅所寫：「把一切不屬於生命的內容剔除，簡化成最基本的形式。」有些人見識過了大千世界瑰麗的風姿後，卻會更珍惜身邊微小的風景。他們能夠輕易地掙脫繁華世界的羈絆和內心欲念的困擾，將素簡的生活打理得趣味盎然。

智慧的人懂得給自己的欲望「瘦身」，比如作家村上春樹。少年時，他也有

過成名、發財的夢想。隨著年齡增長，那些炙熱的欲望卻都在流逝的歲月裡被漸漸淡忘。

這些年來，村上春樹頻頻被提名諾貝爾獎，卻始終一無所獲。世界各地的讀者都為他抱憾，村上春樹本人的態度卻無比淡然。名利欲望是他最不想要的東西，他更享受的是「匿名性」的悠然自得的生活。他每天早上四五點起床，到廚房熱一壺咖啡，倒進馬克杯，然後就著溫熱的咖啡，開始一天的工作。到了下午，他會外出跑步十公里或者游泳一小時。在空閒時光裡，他隨意讀讀書，聽聽音樂。晚上九點，準時上床睡覺。

村上春樹只專注於自我的世界。有的人無法理解他的生活方式，他卻認真地回答說：「我能感受到非常安靜的幸福感。吸入空氣，吐出空氣，呼吸聲中聽不出凌亂。」

人生就該是一個不斷做減法、從一到零的過程，只因個人小小的身軀根本無法承載太多的欲望與夢想。面對花花世界，不要去想自己還能擁有什麼。多想想我們最想要的是什麼，當下最需要的是什麼，什麼對我們的人生百害而無一利，什麼可以不必擁有。

王陽明說：「減得一分人欲，便是復得一分天理。」學不會給欲望做減法，只會墮入無邊苦海，不得救贖。以有限的生命去追逐無限的欲望，無疑是這世上最愚蠢的事情。

而給欲望做減法，其實就是簡化人生的「節目單」。明確努力的方向，捨棄無用的目標，不斷汲取養分，並一心專注，如此才能成就自我的圓滿，並得到最大的快樂。

保持適度的饑餓感，讓你做事更高效

國外科學家曾用兩組小白鼠做相關實驗。一組小白鼠被不間斷地餵食，一組被有規律地間歇性餵食。實驗結果讓人意外：適度的饑餓感反而能延長壽命。如果無所顧忌地滿足食欲，只會導致消化系統負擔過重，多餘營養堆積成體內垃圾，久而久之就會威脅到健康。

華盛頓大學也曾做過一項關於飢餓的研究，結果發現：處於飢餓狀態中時，人的大腦會自動忽略對睡眠的需求，使得工作效率更高。而飽肚時，人的狀態卻恰恰相反。

要知道，人在欲望面前智商是會降低的。比如，香菸盒上明明寫了「吸菸有害健康」，但有些人還是一根接一根地吞雲吐霧；有些人明明知道自己肝臟代謝功能不好，但他們還是一口接一口地喝酒；有些人明明知道毒品是萬惡之源，但他們還是義無反顧地跳入深淵……這一切都是因為欲望。人若無一定的自制力，一定會隨著欲望墮落。

回想每次吃太飽，你的鬥志是不是都會立時鬆懈下來：「先躺會兒吧，這會兒去運動對胃不好」、「先睡會兒，醒了再看書」……吃得太飽讓我們不由自主地想將手頭的事情擱置下來。然而越是擱置，便越是生疏，鬥志與自信也在這個過程中消失得無影無蹤。

於是，你越來越無力去做好一件事，狀態日漸消沉。對於那些自律的人來說，平日飲食若習慣了「七分飽」，便能用那「三分餓」換回更好的工作狀態。

舞蹈藝術家楊麗萍長年以來都保持著「七分飽」的飲食習慣，她的食譜是這樣的：早上九點喝一杯鹽水；九點到十二點喝三杯普洱茶；中午十二點吃簡單的午餐，一小盒牛肉、一杯雞湯和幾個小蘋果；傍晚吃晚餐，只有一片牛肉和兩個小蘋果。一次採訪中，主持人對此表示驚訝。楊麗萍卻坦然道，這是她保持身材及多年如一日的舞台專注力的秘訣。

適度的饑餓感能讓我們跳出欲望的束縛，讓我們從身到心都被清掃一空。它不僅能調動我們的工作積極性，更能增強我們的韌性，讓我們清醒面臨人生中的任何選擇。

保持饑餓感的原則適用於任何欲望。無論是對食物、玩樂的渴望，還是對財富、權力的追逐，都要量力而行，始終保持著「三分饑餓」。當然，事實一再證明，人性的貪婪通常卻從食欲開始，不知不覺中剿滅了人的理智。等你驀然驚醒，卻發現自己早已泥足深陷。

史丹佛大學教授凱利在《自控力》一書裡這樣寫道：若「控制的自己」戰勝「衝動的自己」，意志力將會加強，也更容易做成一件事。能在欲望面前保持饑餓感的人，都有極強的律己意識。這樣的人通常能成就更大的事業，過上更好的人生。

與原始欲望做對抗是一件很難的事情，所以很多人輕易地敗下陣來。你可以從精緻飲食和少吃多餐開始，用抑制的食欲來換取清醒的頭腦，一步步改變自己。有了足夠的練習後，接下來，你在面對內心的任何欲望時都要嚴格要求自己保持三分饑餓感。

弄清楚你到底想要什麼，追求真正的快樂

你是不是也正強烈地渴望著某件事情？如渴望掙錢、出名，渴望得到別人的誇讚。你有沒有類似的上癮行為？比如控制不住地滑手機、看小說，卻耽誤了正事荒廢了時間。**你是否曾像個嚴重強迫症患者一樣，過度關注某件事的結果？**

這些無法停止的強迫行為背後，都彰顯了我們的欲望。它似乎帶給了我們無限的快樂，卻又讓我們充滿痛苦。而你痛苦的原因，不僅在於你在盲目無度的追

求與索取中丟失了真實的自己，更在於**你錯誤地將渴望當作了快樂，卻忘了自己真正想要的是什麼**。

張德芬的作品《遇見未知的自己》曾掀起一陣閱讀狂潮。書中，若菱認識真實自我的過程讓人感慨。故事的開頭，對生活失望透頂的若菱遇到了一位奇怪的老人。老人問：「你是誰？」對此，若菱分別從身世、教育背景、職業家庭等方面介紹了自己，卻都被老人否定了。面對若菱的疑問，老人說：「我想要幫助你認清楚一些事實，因為**我們人類所有受苦的根源就是來自不清楚自己是誰**，而盲目地去攀附、追求那些不能代表我們的東西！」分別前，老人丟給若菱一個新問題：「你真正應該追求的到底是什麼？」

你為什麼會有那麼多的欲望及強迫症行為？它們真的是你想要的嗎？它們能帶給你真正的快樂嗎？答案是否定的。心理學家認為，是大腦中的「獎勵系統」挾持了你，讓你在盲目的追逐中迷失了你自己。一九五四年的一個著名實驗證明了這一點。那一年，詹姆斯・奧爾茲和彼得・米爾納無意中將電極植入小白鼠的伏隔核，進行電擊。他們觀察到，電擊之後，小白鼠會不停地回到之前受到電擊的地方，渴望再經歷一次那種感覺。他們靈機一動，想出用適度電擊的獎勵方式來操縱小白鼠。而在進一步的實驗中，兩人還發現只要提供相應的條件，小白鼠就會主動尋求刺激，且永不滿足直至力竭而死。

研究人員又針對人類進行了類似的實驗，也收到了相同的效果。原來，人腦中存在一個「獎勵系統」。每逢這一區域受到刺激，大腦就會告訴我們：「這種感覺很好，你需要更多。」於是，我們不自覺地想要刺激這塊區域，永不知足。而這一系統又涉及大腦中一些關鍵區域，比如杏仁核等。當個體出現欲望時，其大腦中杏仁核發出的信號被增強，導致個體對欲望情緒的反應大大超出原本的強度。這是人的某些反應行為得到強化的原因。

獎勵系統在刺激著我們的多巴胺帶給我們快樂的同時，也會讓我們在欲望無法實現時陷入痛苦和焦慮的情緒中。一旦人們過度追求刺激，更會傷害到身心的健康。現代人放縱欲望，在不停地奔忙中將自己變成了無知的小白鼠，無疑是一件很可悲的事情。

其實，那些讓你欲罷不能的目標、追求，並非出自你真正的喜歡，而在於虛假的渴望。《遇見未知的自己》中，若菱第二次見到老人時，問道：「為什麼人們都在追求愛、喜悅與和平，為什麼幾乎是人人落空？每個強顏歡笑的後面，隱藏了多少辛酸？為什麼？」

老人微笑著回答說：「**因為你失落了真實的自己。**」

想要找回自己，先弄清楚你到底想要的是什麼。為此，我們必須告別過往的思維模式，建立正確的獎勵系統。人腦的前額皮質分管著三種力量：「我要做」、「我不做」、「我想要」。掌管「我要做」的區域讓人處理枯燥困難的工作；掌管「我不做」的區域能讓我們控制自身的衝動；掌管「我想要」的區域，能讓我們記住真正想要的是什麼，從而拒絕誘惑。

訓練大腦的前額皮質，能提升我們的情緒控制能力和目標管理能力，讓我們擁有解綁「虛假渴望」的勇氣和能量。避免熬夜、酗酒、吸毒等行為，它們會傷害到大腦的前額皮質。通過鍛煉、冥想、整理花園、做家務等方式能活躍大腦的前額皮質，讓我們變得意志堅定。慢慢地，我們的價值判斷便變得更為理性，也會知道如何正確地獎勵自己。

一位網友針對「如何才能弄清楚自己到底想要什麼」，對這一問題的回答讓人獲益匪淺。他說，我們必須先進行長久思考的準備。在這個過程中，不斷地質問自己，推翻之前不成熟的想法。這些問題包括：「你理想中的人生狀態是什麼樣的？在這個想像的人生狀態中，你每天在做什麼？回想一下，生活中哪些時刻讓你很有成就感？什麼事情是你會一直自發去做的？」

明確了一個模糊的方向後，接下來，你需要進行新一輪的質問：「做這件事時你的感覺是什麼？為什麼是這件事？如果這件事不賺錢，你還願意做它嗎？如果這件事需要你花錢去做，你願意為了它而付出嗎？每日溫飽之餘，你還願意持續堅持下去嗎？」

接下來暫定一個方向，慢慢地向它靠近。在你切實地展開行動的過程中，如果你始終保持著平和的心境，且收穫到的快樂無比質樸而長久，此時的你已經找回了丟失的你自己。

追求預期目標失敗時，不妨來點兒「甜檸檬」

當現實牽絆住了你的腳步，擊潰了你的夢想時，與其自怨自艾，不如及時地調整心態，從悲觀絕望的情緒中掙脫開來。心理學上有一個概念叫作「甜檸檬心理」，說的是個體在遭遇欲望破碎、希望成灰的時刻，努力嘗試去提高已實現的目標的價值以達到心理平衡。

它來源於伊索寓言的故事：有隻狐狸生平最大的願望就是能滿足自己的口腹之欲，但牠怎麼也吃不上夢想中香噴噴的食物。找來找去，牠最終只得到一顆酸檸檬。為了讓自己開心起來，牠對自己說：「這顆檸檬好甜，好好吃，我擁有它真的很幸福。」

心理學家解釋說，很多人之所以受困於負面情緒，往往是由於他們的欲望與現實之間起了衝突。人生難免遭遇意外，個體在受到痛苦與挫折後最重要的事情是調動自我心理防禦機制，來積極對抗壓力，在恢復心理平衡的同時激發起自我的主觀能動性。

而「甜檸檬心理」便屬於心理防禦機制中的一項重要內容。這一心理學效應對我們的現實生活有著莫大的啟示。它告訴我們，如果被欲望驅使著盲目羨慕他人的生活、跟風他人的腳步，便會忽略自己所擁有的。這世上永遠有比你活得更幸福更「高級」的人，永遠有著更高、更大的欲望驅使著你拚命地往前趕。與其被欲望吞噬，不如善意地「欺騙」自己：「你過得很不錯啊」、「看看你所擁有的，它們才真正值得你珍惜」……

「甜檸檬心理」告訴我們，**要找到欲望與現實之間的平衡點**。如果現實條件有限，無法實現預期的目標，一定要學會調整自己的心態。不妨堅定地告訴自己：「你所遭遇的不幸都是上天給予你的考驗，你若能勇敢地挺過去，必有後福。」、「挫折正是一個難得的成長機會。」……

它告訴我們，**無法實現的欲望，就要果斷地放棄**。只因每個人的能力都是有限的，而過高的目標只會帶給你無法承受的壓力，最終令你失望不已。所以，當貪欲出現時，不妨坦然地面對現實，承認自己就是能力有限，而不要盲目追逐不切實際的目標。

電影《長江七號》中，一對父子過著貧窮卻又溫馨的日子。父親在工地上搬磚做苦力，掙錢供兒子小迪讀書。雖然平日裡工作十分辛苦，困難多多，他卻樂觀知足，像極了伊索寓言裡那個得到一顆酸檸檬卻安慰自己檸檬很甜的狐狸。

每晚下班，他會在簡陋的房子裡精心地給兒子烹飪晚餐。雖然只有一碟青菜、一碟魚骨頭，父子倆卻像在吃豪華大餐一樣享受無比。父親還仔細給小迪削了一個爛蘋果，溫柔地告誡他：「吃完飯再吃水果。」飯後，兩人玩起了「打蟑螂」的遊戲，開心不已。

父親的樂觀感染到了小迪，即使遭受到富家子弟的嘲笑，他也不會失落、自卑。然而，那一天，當他在商場裡見到同學平時玩膩了的高科技玩具時，內心第一次湧起了強烈的佔有欲望。無論父親怎樣勸說乃至呵斥，他也不願意放棄。父親為了安慰兒子，在垃圾堆裡撿到一隻新奇的玩具狗。小迪慢慢也放下了心中的執念，和這個撿來的玩具玩得很開心……

正確運用「甜檸檬心理」，往往能夠幫助我們脫離求而不得的痛苦心境，讓我們的心靈煥發出新的希望和生機。所謂人生不如意事十之八九。我們有很多欲望和目標，是無法馬上實現的。又或者，它們一輩子也無法成為現實。我們有太多人和事，是註定會被錯過或者做錯的。貪心追求更多，只會讓我們在遭遇失敗的時候痛苦難抑、耿耿於懷。

與其如此，倒不如練就克制的能力，以此化解多餘的欲望。若遇到了挫折與意外，與其將自己變成一隻「檸檬精」，渾身散發著酸氣，嫉妒地觀望著他人的幸福生活，不如來點兒「甜檸檬」，以此免去自我的苦痛與煩惱，達到快樂平和的心境。

拋下唾手可得的名利，去追逐內心真正的熱愛

大部分人內心的痛苦、生活的壓力，都在於對名與利的追求。很少有人能夠放棄內心有關名利的執著，獲得真正的自在。對於那些正處於名利中心的人來說，想要做到「放下」二字更是難上加難。然而，永遠有那麼一群人，勇於拋下

唾手可得的金錢、名利和令人垂涎的前途，投身到自己真正熱愛的事業之中。哪怕後一條路無比艱辛孤獨也在所不惜。

小說《名利場》中的主人公麗蓓卡・夏普是個擁有很多欲望的女人。她的一生都是在不斷追求中度過的，然而她奔忙半生卻發現所謂名利都是鏡花水月，不值一提。作者在書的末尾以傷感的語氣寫道：「唉，浮名虛利，一切虛空，我們這些人誰又是真正快活地活著的？誰又是稱心如意地活著的？就算當時遂了自己的心願，以後還不是照樣不知足？」

名利欲望並非都是負面的，它同樣是促人上進的催化劑。它引領著我們來到人生新的高度，令我們見識到了物質世界的繁華與精彩。然而，當我們對名與利的渴求不斷膨脹，無論如何都無法滿足時，就需要遠離喧囂環境，停下腳步，及時地對自我內心做一番審視。

懷有大智慧的人才能做到這一點。為了控制欲望，他們會千方百計地尋找到更高級的欲望，即「**賦予欲望更大的意義**」，來實現自我靈魂的進步與成長。

所謂更高級的欲望，無非是內心真正熱愛的事。我們不計名利、不顧後果地投入其中，哪怕這條路遍地坎坷、長滿荊棘，折磨得我們痛苦不堪亦無怨無悔。

古往今來，很多大學問家都做過類似的選擇：不屑於個人名利，卻將所有才華、精力都投入自己真正熱愛的事業中。一方面他們完成了精神的富足與成長，享受到了寧靜致遠的快樂；另一方面他們往往能順其自然地收穫驚人的成就。

欲望是網，能禁錮人心。在智者看來，真正的成功是將自己真正熱愛的事情做好，而不是為了名利欲望奔忙爭搶，後者只會讓你的靈魂慢慢枯萎，最終變得腐臭不堪。

你以為的「佛系」生活，只不過是不思進取

前兩年，「佛系」一詞火遍了整個互聯網。我們動不動就將「佛系三連」掛在嘴邊：都行、可以、沒關係。很多年輕人更打著「佛系」的幌子，用「看破紅塵」的態度，來遮掩自己的無所作為。不知你有沒有發現，越是嚷嚷著平凡可貴的人，越是不思進取。

欲望，是人的內驅力之一，也彰顯了人們的內在矛盾。當人們想要的越來越多，爭取過程中卻頻頻遭遇困難和挑戰時，很多人會拚命壓抑自我對名利、財富的渴望，安慰自己「佛系一點兒，做人會很輕鬆」。

蔡康永說過一段很有名的話：「十五歲覺得游泳難，放棄游泳，到十八歲遇到一個你喜歡的人約你去游泳，你只好說『我不會耶』。十八歲覺得英文難，放棄英文，廿八歲出現一個很棒但要會英文的工作，你只好說『我不會耶』。」不妨換個說法，成長過程中只要遇到任何稍具挑戰性的事情，你第一反應都是「佛系」應對，即不管不問，悄悄放棄。

蔡康永一針見血道：「**人生前期越嫌麻煩，越懶得學，後來就越可能錯過讓你動心的人和事，錯過新風景**。」這種懶惰之欲會讓你逃避思考，會逐步削弱你的行動力，令你養成畸形的生活方式。不要用「佛系」美化你的鼠目寸光，粉飾你的胸無大志。也不要給你的種種懶惰、逃避欲望尋找藉口，這樣你才能避免越活越迷茫的可悲結局。

某綜藝節目中，一位著名的考研輔導老師激動地說：「在世界幾乎所有的五百強企業，都告訴你學歷不重要，但他們不會去普通大學招聘，他們說的都是假話。」在他看來，真正能毀掉一個年輕人的是一顆不思進取的心。

日本社會有一個特殊名詞「寬鬆世代」，指的是一九八七年後上學的那批學生。那一時期日本在國內進行教育改革，那一批學生因此過上了極其「幸福」的生活。課堂教育老師無比敷衍、草草了事，課後學生們蜂擁向遊戲廳，平時考試也沒有成績排名。

學生們心態很「佛系」，因為沒有任何壓力，他們做什麼事都很懈怠。就這樣不思進取到了三十歲，在最該拚搏奮鬥、大放異彩的年紀，寬鬆世代中的很多人表現出的狀態卻差強人意。日劇《寬鬆世代又如何》中，主角的妹妹阪間結就是這樣一個人。

她一直在逃避上班，不願意承擔責任。好不容易有了一份工作，她卻不停地發牢騷，抱怨同事難相處，食堂擁擠伙食不好。一遇到困難，她就盼著能躲在被窩裡蒙頭大睡……

當你像阪間結一樣，帶著「佛系」的標籤衝向職場，後果顯而易見。輕易地用「佛系思維」來麻醉自己，只會讓你喪失精準的判斷力和捕捉細節的執行力，到最後「佛系」的夢幻色彩沒有了，換來的是一系列工作災難、生活災難。

有句話說得好：「害怕辛苦的人最終會辛苦一輩子。」熱衷於逃避現實的人，最終會被生活狠狠傷害，直至遍體鱗傷。在這個充滿變數的時代，所謂的安逸生活根本不存在。遇到了一份有挑戰性的工作，不妨爭一爭。不要害怕困難，更不要輕易放棄。**很多時候，你只有勇敢地撕開「佛系」的標籤，命運才知道你想要的是什麼，應該給你些什麼。**

魯迅曾寫道：「真正的勇士敢於直面慘澹的人生，敢於正視淋漓的鮮血。」北島的詩也讓人印象深刻：「平凡是平凡者的墓誌銘，卓越是卓越者的通行證。」

你所追求的佛系，不過是不思進取、沉湎安逸的代名詞。過度膨脹的欲望會毀了你的人生，而過度「佛系」也不會帶給你想要的未來。要知道成功的背後有勤奮、有機遇、有經營，唯獨沒有不爭不搶的「佛系」和輕而易舉的放棄。

痛苦之源，也是成功之門
——欲望心理學

作者： 李少聰
發行人：陳曉林
出版所：風雲時代出版股份有限公司
地址：10576台北市民生東路五段178號7樓之3
電話：(02) 2756-0949
傳真：(02) 2765-3799
執行主編：劉宇青
美術設計：吳宗潔
業務總監：張瑋鳳

初版日期：2024年5月
版權授權：蔡雷平
ISBN：978-626-7369-75-3

風雲書網：http://www.eastbooks.com.tw
官方部落格：http://eastbooks.pixnet.net/blog
Facebook：http://www.facebook.com/h7560949
E-mail：h7560949@ms15.hinet.net
劃撥帳號：12043291
戶名：風雲時代出版股份有限公司

風雲發行所：33373桃園市龜山區公西村2鄰復興街304巷96號
電話：(03) 318-1378
傳真：(03) 318-1378
法律顧問：永然法律事務所 李永然律師
　　　　　北辰著作權事務所 蕭雄淋律師

行政院新聞局局版台業字第3595號 營利事業統一編號22759935

定價：340元

國家圖書館出版品預行編目資料

欲望心理學 / 李少聰著. -- 臺北市：風雲時代出版股份有限公司, 2024.04　面；　公分

ISBN 978-626-7369-75-3 (平裝)

1.CST: 欲望 2.CST: 行為心理學

176.86　　113001015